# DISCLAIMER

The author and publisher are providing this book and its contents on an "as is" basis and make no representations or warranties of any kind with respect to this book or its contents. The author and publisher disclaim all such representations and warranties, including but not limited to warranties of merchantability. In addition, the author and publisher do not represent or warrant that the information accessible via this book is accurate, complete, or current.

Except as specifically stated in this book, neither the author nor publisher, nor any authors, contributors, or other representatives will be liable for damages arising out of or in connection with the use of this book. This is a comprehensive limitation of liability that applies to all damages of any kind, including (without limitation) compensatory; direct, indirect, or consequential damages; loss of data, income, or profit; loss of or damage to property; and claims of third parties.

FIRST EDITION - Published 2022

Extra Graphic Material From: www.freepik.com
Thanks to: Alekksall, Starline, Pch.vector, Rawpixel.com,
Vectorpocket, Dgim-studio, Upklyak, Macrovector,
Stockgiu, Pikisuperstar & Freepik.com Designers

This Book Comes With Free Bonus Puzzles
Available Here:

**BestActivityBooks.com/WSBONUS20**

# 5 TIPS TO START!

## 1) HOW TO SOLVE

The Puzzles are in a Classic Format:

- Words are hidden without breaks (no spaces, dashes, ...)
- Orientation: Forward & Backward, Up & Down or in Diagonal (can be in both directions)
- Words can overlap or cross each other

## 2) ACTIVE LEARNING

To encourage learning actively, a space is provided next to each word to write down the translation. The **DICTIONARY** allows you to verify and expand your knowledge. You can look up and write down each translation, find the words in the Puzzle then add them to your vocabulary!

## 3) TAG YOUR WORDS

Have you tried using a tag system? For example, you could mark the words which have been difficult to find with a cross, the ones you loved with a star, new words with a triangle, rare words with a diamond and so on...

## 4) ORGANIZE YOUR LEARNING

We also offer a convenient **NOTEBOOK** at the end of this edition. Whether on vacation, travelling or at home, you can easily organize your new knowledge without needing a second notebook!

## 5) FINISHED?

Go to the bonus section: **MONSTER CHALLENGE** to find a free game offered at the end of this edition!

Want more fun and learning activities? It's **Fast and Simple!**
An entire Game Book Collection just **one click away!**

Find your next challenge at:

BestActivityBooks.com/MyNextWordSearch

# Ready, Set... Go!

Did you know there are around 7,000 different languages in the world? Words are precious.

We love languages and have been working hard to make the highest quality books for you. Our ingredients?

A selection of indispensable learning themes, three big slices of fun, then we add a spoonful of difficult words and a pinch of rare ones. We serve them up with care and a maximum of delight so you can solve the best word games and have fun learning!

-------

Your feedback is essential. You can be an active participant in the success of this book by leaving us a review. Tell us what you liked most in this edition!

Here is a short link which will take you to your order page.

BestBooksActivity.com/Review50

Thanks for your help and enjoy the Game!

*Linguas Classics Team*

# 1 - Antiques

| | | | | | | | | | | | | | |
|---|---|---|---|---|---|---|---|---|---|---|---|---|---|
| ఫ | ర | ె | న | ి | చ | ర | ె | వ | ఒ | వ | ర | శ | ప |
| ర | ధ | ప | ూ | ట | ె | ట | ు | బ | డ | ి | ఖ | ి | ె |
| ణ | ర | ధ | ద | ె | ర | ు | న | ు | ప | శ | వ | ల | ర |
| ళ | క | శ | త | ా | బ | ె | ద | ం | వ | ఒ | భ | ె | ా |
| ప | ా | త | ఉ | ల | న | ా | ణ | ె | య | త | వ | ప | మ |
| క | ం | ఇ | ద | ు | ఒ | ఫ | డ | వ | ే | ల | ం | ం | ా |
| అ | ల | ు | ా | ణ | ర | భ | ఆ | ల | స | ు | జ | హ | ణ |
| శ | అ | డ | ఫ | ే | ల | అ | ఒ | ు | ణ | ద | వ | వ | ి |
| ళ | ్ర | స | త | ా | మ | జ | ణ | ి | బ | ా | ర | వ | క |
| ఢ | ళ | ల | ో | న | ఠ | ఈ | ఖ | వ | ఉ | బ | ె | క | శ |
| గ | ళ | హ | ి | గ | ర | ీ | ల | య | ా | ె | గ | ణ | వ |
| ప | ద | శ | ర | చ | స | ఉ | ద | ఢ | చ | ా | ం | భ | హ |
| ఒ | ధ | ఇ | ల | ద | శ | ్ర | ఉ | హ | వ | శ | గ | ం | ఈ |
| ఉ | చ | ప | బ | ప | ధ | గ | న | ధ | గ | ద | మ | ష | య |

కళ
వేలం
ప్రామాణిక
శతాబ్దం
నాణేలు
దశాబ్దాలు
అలంకార
సొగసైన
ఫర్నిచర్
గ్యాలరీ
పెట్టుబడి
ఆభరణాలు
పాత
ధర
నాణ్యత
పునరుద్ధరణ
శిల్పం
శైలి
వర్గం
విలువ

# 2 - Food #1

| | | | | | | | | | | | | | |
|---|---|---|---|---|---|---|---|---|---|---|---|---|---|
| క | ్ | య | ా | ర | ె | ట | ్ | గ | ఫ | ఉ | త | వ | వ |
| ట | ర | ్ | న | ి | ప | ్ | వ | స | మ | ప | ు | ే | ె |
| న | ే | ర | ే | డ | ు | ప | ం | డ | ు | ్ | ల | ర | ల |
| ఖ | ప | బ | క | శ | భ | య | గ | స | య | ప | స | ు | ్ |
| ప | ు | చ | వ | ె | వ | వ | ం | ల | న | ు | ి | శ | ల |
| ఠ | ల | ్ | భ | బ | ్ | అ | స | ా | ్ | హ | ఫ | ె | ు |
| మ | ు | చ | ఖ | ా | ఛ | క | చ | డ | ా | స | ఢ | న | ల |
| ద | స | ల | ల | ర | ట | ధ | చ | ్ | ధ | ర | య | గ | ్ |
| ర | ు | ి | ధ | ్ | ్ | న | ి | మ | ్ | మ | ఇ | ప | ల |
| ఢ | స | శ | బ | ల | య | ప | ా | ల | ి | ్ | ల | ఉ | ి |
| ప | డ | ం | భ | ీ | ూ | ఈ | బ | జ | ు | మ | హ | ధ | గ |
| ఢ | ఇ | ప | ఉ | ఖ | న | ఉ | శ | స | ప | ా | ఈ | ఠ | ఇ |
| చ | మ | జ | ప | ర | ా | త | ఈ | డ | ర | ఢ | ప | ఒ | మ |
| ద | ా | ల | ్ | చ | ి | న | చ | ె | క | ్ | క | స | శ |

నేరేడు పండు
బార్లీ
తులసి
క్యారెట్
దాల్చిన చెక్క
వెల్లుల్లి
రసం
నిమ్మ
పాలు
ఉల్లిపాయ
వేరుశెనగ
ధాన్యము
సలాడ్
ఉప్పు
పులుసు
బచ్చలి
చక్కెర
ట్యూనా
టర్నిప్

# 3 - Measurements

| | | | | | | | | | | | | | |
|---|---|---|---|---|---|---|---|---|---|---|---|---|---|
| వ | ా | ల | ె | య | ా | మ | ె | ఢ | వ | ల | జ | మ | ద |
| క | ి | ల | ో | గ | ె | ర | ా | మ | ు | ో | ం | ీ | య |
| బ | క | వ | ఒ | మ | ం | ీ | ఞ | అ | డ | త | ఢ | ట | ఫ |
| మ | మ | ల | ఠ | ఔ | య | గ | ఞ | ఙ | ౌ | ు | ఠ | ర | స |
| ద | ఞ | ళ | గ | న | ఠ | ె | ఠ | త | ప | ం | ర | ె | ్ |
| డ | శ | క | ల | ె | బ | ి | ఈ | స | ప | వ | ఠ | అ | ం |
| స | ె | ా | మ | స | అ | డ | చ | డ | య | ళ | గ | ం | ట |
| బ | ధ | జ | ం | ె | య | మ | న | ద | త | బ | ె | గ | ీ |
| ధ | బ | ల | ఢ | శ | ద | ట | ప | ి | ఢ | ర | ర | ు | మ |
| ఎ | త | ె | త | ు | ర | జ | న | స | మ | ఢ | ా | ళ | ీ |
| గ | ద | ఢ | బ | ర | ు | వ | ు | ె | స | ి | మ | ం | ట |
| బ | ై | ట | ె | హ | ట | ళ | క | చ | న | ం | ష | ఞ | ర |
| ఈ | ర | ు | ట | మ | ీ | ల | ో | ి | క | ు | స | ం | ె |
| త | అ | డ | ఢ | వ | ల | వ | ్ | డ | ల | ె | ప | ు | య |

బైట్
సెంటీమీటర్
దశాంశ
డిగ్రీ
లోతు
గ్రామ
ఎత్తు
అంగుళం
కిలోగ్రాము
కిలోమీటరు
పొడవు
లీటరు
మాస్
మీటర్
నిమిషం
ఔన్స్
టన్ను
వాల్యూమ్
బరువు
వెడల్పు

# 4 - Farm #2

| | | | | | | | | | | | | | |
|---|---|---|---|---|---|---|---|---|---|---|---|---|---|
| బ | ఫ | ఠ | న | న | ె | జ | ొ | క | క | ె | ొ | మ | క |
| ఖ | ా | మ | య | ఠ | ం | ం | ణ | ం | య | భ | ప | ా | ా |
| ధ | ఒ | ర | వ | బ | అ | త | ప | ష | జ | ప | ం | ా | ప |
| క | మ | ఒ | ె | స | ఖ | ు | అ | య | చ | స | డ | ల | ు |
| ఠ | ఈ | గ | జ | ల | ఢ | వ | ళ | గ | ఢ | ఖ | ె | ఒ | అ |
| ష | ళ | ం | అ | ద | ీ | ు | ల | ా | ఇ | భ | ల | గ | ం |
| బ | ఠ | ప | ా | ల | ు | ల | ఈ | ర | త | ష | ఠ | డ | ర |
| శ | ఈ | హ | ఆ | ఈ | శ | ు | భ | రా | స | ష | ఢ | ష | భ |
| న | ష | అ | హ | ట | ె | ర | ా | క | ె | ట | ర | ె | గ |
| ఖ | డ | ళ | ా | ఒ | ఇ | ఉ | వ | ళ | బ | ణ | ఠ | మ | ో |
| ర | హ | ి | ర | గ | ొ | ర | ె | ర | ూ | ా | ం | ఠ | ధ |
| క | క | ఉ | ం | త | డ | మ | ప | ం | డ | ు | త | ం | ు |
| న | ీ | ట | ి | ప | ా | ర | ు | ద | ల | గ | త | ు | మ |
| గ | ొ | ర | ె | ర | ూ | ల | క | ా | ప | ర | ి | గ | ఈ |

జంతువులు
బార్లీ
మొక్కజొన్న
బాతు
కాపు
ఆహారం
పండు
నీటిపారుదల
లామా
పాలు
పండ్లు
పండిన
గొర్రె
గొర్రెల కాపరి
ట్రాక్టర్
కూరగాయ
గోధుమ

# 5 - Books

| | | | | | | | | | | | | | |
|---|---|---|---|---|---|---|---|---|---|---|---|---|---|
| స | ే | క | ర | ణ | స | క | థ | క | ు | డ | ు | హ | ర |
| క | గ | గ | త | క | ా | ఎ | ం | స | ద | ధ | ఞ | ి | ా |
| వ | డ | అ | త | ఒ | హ | ర | ప | ఫ | భ | ఖ | శ | స | స |
| ి | య | హ | ల | ణ | స | ళ | ఠ | ి | ష | జ | ర | ్ | ి |
| త | త | ధ | ి | బ | ం | ం | స | య | క | ధ | క | ట | న |
| ్ | ్ | ర | చ | య | ి | త | డ | ం | న | ్ | ఖ | ా | హ |
| వ | హ | క | ష | ణ | ర | క | ష | ్ | ి | వ | ఆ | ర | ా |
| ం | ి | ఫ | ్ | భ | ం | ర | ్ | ద | ం | స | ల | ి | స |
| శ | ా | శ | జ | ర | ల | క | స | ప | క | ష | ఠ | క | ్ |
| బ | స | ల | ధ | ద | మ | య | ఒ | ఒ | థ | ఉ | బ | ల | య |
| ద | ఒ | బ | వ | ం | ఠ | ం | ఠ | ఠ | ఞ | ఠ | ఉ | ్ | ం |
| చ | ద | ు | వ | ర | ి | ట | ్ | ర | ా | జ | ి | క | ్ |
| వ | ద | ద | ఫ | మ | ష | ు | ద | మ | ఠ | ం | భ | ఈ | డ |
| చ | శ | హ | ఒ | క | మ | ప | బ | మ | ఒ | వ | ం | ం | ణ |

సాహసం
రచయిత
సేకరణ
సందర్భం
ఎపిక్
హిస్టారికల్
హాస్యం
ఆవిష్కరణ
సాహిత్య
కథకుడు
నవల
పుట
పద్యం
కవిత్వం
చదువరి
సంబంధిత
క్రమం
కథ
ట్రాజిక్
రాసిన

# 6 - Meditation

| | | | | | | | | | | | | | |
|---|---|---|---|---|---|---|---|---|---|---|---|---|---|
| ప | శ | ం | ళ | య | జ | స | ప | స | ప | అ | ఞ | మ | ద |
| ఉ | ్ | ్ | బ | ఒ | వ | ం | క | ఞ | ్ | ం | య | ే | ృ |
| ద | బ | ర | వ | వ | వ | గ | ర | స | ర | త | భ | ల | ష |
| ్ | ధ | త | క | ా | భ | ీ | ు | ం | శ | ర | ఈ | ు | ్ |
| య | ళ | ి | ల | ృ | స | త | ణ | బ | ా | ్ | ఖ | క | ట |
| మ | క | ం | ు | జ | త | ం | గ | ధ | ం | ద | ఒ | ొ | ి |
| ం | స | ా | ట | ష | హ | ి | య | ర | త | ృ | స | న | క |
| న | ి | శ | ్ | శ | బ | ్ | ద | ం | త | ష | ్ | ి | ో |
| ల | న | శ | ా | ఫ | జ | ఞ | ఠ | క | ఞ | ్ | ప | బ | ణ |
| శ | ా | ఈ | వ | య | ఒ | గ | ం | ా | జ | ట | ష | త | ం |
| ీ | మ | ద | ల | ఠ | స | భ | ఠ | గ | ్ | ి | ్ | ఢ | ద |
| ి | బ | చ | అ | త | ఞ | ఈ | చ | ీ | త | ప | ట | ఞ | ల |
| ర | ఆ | ల | ో | చ | న | ల | ు | ం | ృ | క | త | ఫ | వ |
| ప | స | హ | జ | శ | ఖ | బ | బ | అ | క | ఒ | భ | జ | ణ |

అంగికారం
మేలుకొని
శ్వాస
ప్రశాంతత
స్పష్టత
కరుణ
కృతజ్ఞత
అలవాట్లు
అంతర్దృష్టి
దయ
మానసిక
ఉద్యమం
సంగీతం
ప్రకృతి
పరిశీలన
శాంతి
దృష్టికోణం
నిశ్శబ్దం
ఆలోచనలు

# 7 - Days and Months

| | | | | | | | | | | | | | |
|---|---|---|---|---|---|---|---|---|---|---|---|---|---|
| స | ం | వ | త | ్ | స | ర | ం | ష | మ | మ | గ | ఇ | డ |
| ఫ | ణ | ధ | జ | య | ఋ | హ | మ | ర | స | ా | ు | ఉ | శ |
| క | ్ | య | ా | ల | ె | ం | డ | ర | ్ | ర | ర | ఋ | క |
| ఫ | స | ప | ఖ | ె | ణ | మ | ల | ం | స | ్ | ు | వ | చ |
| న | ి | ె | జ | న | వ | ర | ి | వ | ో | చ | వ | ఉ | మ |
| వ | వ | బ | ప | క | ఋ | ల | ఠ | ా | మ | ి | ా | ప | ం |
| ఆ | ఏ | ం | ్ | ్ | స | బ | ద | ధ | వ | ఆ | ర | ర | గ |
| ద | ప | ద | బ | ర | ట | ఫ | క | ు | ా | గ | ం | ం | ళ |
| ి | ్ | జ | డ | ర | వ | ె | ం | బ | ర | స | ఫ | వ | వ |
| వ | ర | ూ | ద | స | ్ | ర | ం | ఉ | ం | ్ | అ | ా | ా |
| ా | ి | ల | ర | డ | ఋ | ం | ి | బ | య | ట | మ | ి | ర |
| ర | ల | ై | ళ | హ | ఇ | ా | హ | ర | ర | ు | య | న | ం |
| ం | ్ | ఒ | ళ | ర | ం | వ | ా | ర | క | ్ | ు | శ | ళ |
| అ | క | ్ | ట | ో | బ | ర | ్ | ల | ష | ం | చ | ఖ | య |

ఏప్రిల్
ఆగస్టు
క్యాలెండర్
ఫిబ్రవరి
శుక్రవారం
జనవరి
జూలై
మార్చి
సోమవారం
నెల
నవంబర్
అక్టోబర్
శనివారం
సెప్టెంబర్
ఆదివారం
గురువారం
మంగళవారం
బుధవారం
వారం
సంవత్సరం

# 8 - Energy

| | | | | | | | | | | | | | |
|---|---|---|---|---|---|---|---|---|---|---|---|---|---|
| ఆ | వ | ి | ద | ్ | య | ు | త | ్ | ప | ఈ | క | ద | ఖ |
| గ | వ | భ | క | ద | ప | ా | త | ్ | ర | ు | న | ు | ప |
| ా | ర | ి | ం | ఖ | ఖ | మ | చ | భ | ్ | ణ | న | అ | అ |
| ల | ధ | బ | ర | ఠ | వ | ర | ీ | ట | య | ా | ్ | బ | ఎ |
| ి | భ | ఒ | వ | ి | ే | శ | ఈ | ద | ా | గ | బ | ఫ | ల |
| య | ం | య | ం | త | డ | ్ | హ | య | వ | ్ | ూ | ో | క |
| ఇ | ం | ధ | న | ం | ి | ి | ఇ | గ | ర | య | ై | ట | ్ |
| గ | ప | ష | క | ఈ | ఒ | ర | ళ | వ | ణ | ా | ర | ా | ట |
| మ | శ | ఉ | ్ | చ | ధ | ప | వ | ణ | ం | స | ట | న | ్ |
| య | భ | గ | ఒ | ల | ్ | జ | ి | ీ | డ | ో | హ | ్ | ర |
| ఫ | భ | స | య | ద | ు | త | స | య | అ | ల | ఉ | ద | ా |
| ఇ | ం | జ | ి | న | ్ | ా | ణ | చ | ఖ | ి | ణ | ధ | న |
| డ | న | ్ | బ | ర | ్ | ా | క | ఈ | ఖ | న | బ | మ | ్ |
| హ | ూ | డ | ్ | ర | ో | జ | న | ్ | ర | ్ | ట | ో | మ |

బ్యాటరీ
కార్బన్
డీజిల్
విద్యుత్
ఎలక్ట్రాన్
ఇంజిన్
పర్యావరణం
ఇంధనం
గ్యాసోలిన్
వేడి

హైడ్రోజన్
పరిశ్రమ
మోటర్
ఫోటాన్
కాలుష్యం
పునరుత్పాదక
ఆవిరి
టర్బైన్
గాలి

# 9 - Chess

| | | | | | | | | | | | | | |
|---|---|---|---|---|---|---|---|---|---|---|---|---|---|
| వ | ళ | మ | ఠ | ఈ | ల | జ | ఆ | వ | త | డ | ఇ | ం | త |
| అ | ల | మ | ఇ | ట | ఆ | ణ | ట | అ | ె | త | ఫ | గ | ర |
| స | వ | ా | ళ | ె | ల | ు | గ | ద | మ | య | అ | ం | వ |
| స | ర | ద | ల | మ | గ | ర | ా | ఈ | ష | న | ఎ | ఉ | ర |
| ర | ా | జ | ు | ొ | ళ | హ | డ | ల | ష | ి | చ | హ | జ |
| హ | ల | గ | ట | ం | ళ | అ | ు | ల | చ | య | శ | శ | ం |
| స | ద | న | ె | న | వ | ర | చ | ళ | ష | మ | ప | య | క |
| య | మ | ె | య | ర | ి | ధ | ా | ం | హ | ా | ఫ | ం | ఒ |
| ఒ | బ | య | ి | ె | క | మ | వ | ణ | స | ల | డ | ల | స |
| ఢ | వ | ప | ం | ో | ర | ఈ | శ | త | ి | ు | ర | ప | ఒ |
| అ | య | ి | ా | ట | ె | త | ె | య | ా | గ | ం | ో | ల |
| హ | చ | ం | ప | ళ | ణ | న | ల | ు | ప | ు | త | ట | య |
| క | ళ | ా | ఇ | ఠ | ం | త | ొ | ల | ు | ప | ు | ీ | ష |
| ళ | ప | భ | ప | ె | ర | త | ె | య | ర | ె | ధ | ి | అ |

నలుపు
సవాళ్లు
ఛాంపియన్
పోటీ
వికర్ణం
ఆట
రాజు
ప్రత్యర్థి
ఆటగాడు
పాయింట్లు
రాణి
నియమాలు
త్యాగం
వ్యూహం
సమయం
టోర్నమెంట్
తెలుపు

# 10 - Archeology

| | | | | | | | | | | | | | |
|---|---|---|---|---|---|---|---|---|---|---|---|---|---|
| ప | ఫ | వ | చ | ఢ | ఫ | స | ఢ | ఫ | ఇ | ణ | ఎ | ఖ | హ |
| ధ | ూ | ఠ | స | ప | జ | ా | స | జ | శ | ష | మ | ఉ | జ |
| య | ష | ర | అ | ్ | ష | ష | స | ఒ | స | ల | ు | ద | మ |
| డ | డ | డ | ్ | జ | త | గ | వ | ి | హ | ే | క | హ | ు |
| ల | ు | ఇ | గ | వ | త | ు | ఈ | య | ల | శ | ల | ర | య |
| స | ణ | ష | త | ం | క | ధ | వ | ద | హ | ్ | ు | ష | ్ |
| ట | ు | ్ | ట | జ | ర | ా | శ | ు | ధ | ి | ా | మ | స |
| చ | ప | డ | క | ణ | ి | చ | ల | ం | ల | వ | డ | ఖ | హ |
| య | ు | గ | ం | ం | గ | ఠ | గ | ం | క | ు | ు | డ | ర |
| ఖ | ి | ఠ | య | ప | ా | ష | హ | మ | ఢ | ఫ | స | స | హ |
| య | న | ఖ | ల | అ | న | ఢ | క | త | హ | ఠ | ు | ప | ఖ |
| ష | శ | బ | ఆ | ప | ్ | ర | ొ | ఫ | ె | స | ర | ్ | ర |
| త | ె | ల | ి | య | న | ి | య | శ | ద | అ | ా | జ | య |
| ప | ర | ి | శ | ో | ధ | క | ు | డ | ు | ళ | వ | ద | య |

విశ్లేషణ
పూర్వకాలం
ఎముకలు
నాగరికత
వారసుడు
యుగం
నిపుణుడు
ఫాసిల్
రహస్యము
వస్తువులు
ప్రొఫెసర్
పరిశోధకుడు
జట్టు
ఆలయం
సమాధి
తెలియని

# 11 - Food #2

| | | | | | | | | | | | | | |
|---|---|---|---|---|---|---|---|---|---|---|---|---|---|
| ఢ | ర | శ | న | ట | ళ | డ | ల | భ | య | క | ా | ం | వ |
| చ | ీ | జ | ె | మ | అ | ధ | య | ఉ | మ | ట | ర | ఇ | ఆ |
| క | ర | ష | క | ా | క | ర | డ | ు | డ | ె | ు | గ | ర |
| ఇ | ె | వ | ొ | ట | చ | ష | ట | ద | ష | ఫ | బ | ు | ె |
| ఇ | ొ | ణ | ్ | ో | ే | ధ | చ | ్ | ప | ళ | ం | డ | ట |
| అ | చ | శ | చ | అ | ప | ప | ా | ప | క | ఫ | త | ు | ్ |
| ళ | ం | ల | ె | ్ | ప | ఆ | క | ొ | ్ | జ | ద | గ | చ |
| ఉ | ద | ీ | బ | ఒ | వ | క | ె | ర | వ | శ | ష | ో | ో |
| స | ళ | క | గ | ణ | త | ఫ | ల | ు | ్ | బ | శ | ట | క |
| ద | ె | ర | ా | క | ె | ష | ొ | గ | గ | ్ | ధ | ట | ె |
| హ | ధ | ో | ఉ | ణ | ఇ | మ | ట | ు | ఖ | య | బ | ె | మ |
| శ | శ | ె | భ | ఖ | శ | గ | ె | ద | ఉ | ె | హ | ు | ఇ |
| ణ | హ | బ | త | ఢ | ఇ | జ | ఫ | క | చ | య | ఖ | ప | జ |
| గ | ో | ధ | ు | మ | హ | ా | మ | ె | ష | ం | ఈ | గ | జ |

ఆపిల్
ఆర్టిచోక్
అరటి
బ్రోకలీ
కట్
చీజ్
చెర్రీ
చికెన్
చాక్లెట్
గుడ్డు
వంకాయ
చేప
ద్రాక్ష
హామ్
కివి
పుట్టగొడుగు
బియ్యం
టమాటో
గోధుమ
పెరుగు

# 12 - Chemistry

| | | | | | | | | | | | | | |
|---|---|---|---|---|---|---|---|---|---|---|---|---|---|
| ఈ | ఎ | ల | క | ్ | ట | ్ | ర | ా | న | ్ | ఖ | డ | న |
| య | ఢ | వ | ల | ఒ | ష | ల | హా | ఢ | స | బ | న | ఢ | ్ |
| స | జ | ే | హా | ప | ప | ి | ై | ర | ఈ | న | ్ | గ | య |
| క | ఈ | డ | శ | వ | ల | క | డ | ఆ | మ | ్ | ల | ం | ూ |
| ఉ | ా | ి | త | ు | జ | ్ | ్ | ప | క | ా | ీ | ర | క |
| త | అ | ర | న | ు | ఉ | వ | ర | ర | ధ | య | క | గ | ్ |
| ్ | ణ | ల | ్ | ర | డ | ి | ో | మ | అ | అ | ్ | ్ | ల |
| ప | ు | హా | జ | బ | ఠ | డ | జ | ా | శ | గ | ల | య | ి |
| ్ | వ | ష | స | ళ | న | ్ | న | ణ | ప | ఢ | ఆ | ా | య |
| ర | ు | ళ | ి | ఠ | బ | ్ | ్ | ు | య | ు | ద | స | ర |
| ే | ఢ | జ | ్ | త | చ | ఎ | ం | జ | ై | మ | ్ | ్ | ్ |
| ర | చ | త | క | క | ్ | ల | ో | ర | ి | న | ్ | ప | భ |
| క | ఒ | ష | ఆ | భ | త | ర | గ | ్ | ణ | ో | ్ | ష | ఉ |
| ం | హా | ఢ | ద | స | ే | ం | ద | ్ | ర | ీ | య | ఫ | బ |

ఆమ్లం
ఆల్కలీన్
పరమాణు
కార్బన్
ఉత్ప్రేరకం
క్లోరిన్
ఎలక్ట్రాన్
ఎంజైమ్
గ్యాస్
వేడి

హైడ్రోజన్
అయాన్
లిక్విడ్
అణువు
న్యూక్లియర్
సేంద్రీయ
ఆక్సిజన్
ఉప్పు
ఉష్ణోగ్రత
బరువు

# 13 - Music

| | | | | | | | | | | | | | |
|---|---|---|---|---|---|---|---|---|---|---|---|---|---|
| హ | గ | ర | క | ఆ | ధ | హ | ల | య | ఉ | య | ఒ | శ | ద |
| ప | య | ళ | ప | భ | ల | య | అ | ఒ | మ | వ | బ | ా | ఒ |
| హ | గ | మ | త | య | వ | ె | ర | ా | ె | శ | ృ | స | స |
| ప | ా | డ | ు | ఈ | ల | ధ | బ | జ | ణ | ఉ | ం | ె | ి |
| త | గ | ణ | న | గ | య | ఒ | ఒ | మ | ఖ | య | ద | త | ం |
| ఠ | స | అ | ం | ఉ | ం | త | ర | ష | ె | ం | గ | ె | గ |
| భ | వ | ఉ | గ | ల | స | ప | గ | ఒ | త | ద | ా | ర | ర |
| ర | ి | క | ా | ర | ె | డ | ి | ం | గ | ె | న | ీ | ె |
| ా | ర | స | ష | ప | ర | క | ఈ | హ | ీ | య | ం | య | స |
| ై | ఇ | క | ె | ఒ | మ | హ | ర | డ | ం | ి | ఈ | క | ె |
| ప | డ | వ | క | ఢ | ా | ల | త | ి | స | ా | వ | వ | వ |
| ఒ | అ | అ | య | ఉ | స | ల | ం | శ | ి | వ | శ | ి | ర |
| మ | ై | క | ె | ర | ో | ఫ | ో | న | ె | ల | ద | త | బ |
| ప | ర | ి | శ | ీ | ల | న | ా | త | ె | మ | క | ా | ప |

ఆల్బమ్
యక్షగానం
బృందగానం
శాస్త్రీయ
పరిశీలనాత్మక
సామరస్యం
వాయిద్యం
లిరికల్
శ్రావ్యత
మైక్రోఫోన్
సంగీత
ఒపెరా
కవితా
రికార్డింగ్
లయ
పాడు
సింగర్
స్వర

# 14 - Family

| | | | | | | | | | | | | | |
|---|---|---|---|---|---|---|---|---|---|---|---|---|---|
| హ | హ | మ | మ | ే | న | క | ో | డ | ల | ు | ఫ | అ | శ |
| య | శ | ే | జ | హ | మ | ఇ | జ | చ | త | ణ | ఇ | డ | ఇ |
| ఖ | ం | న | ్ | ి | జ | క | భ | ా | ర | ్ | య | ు | స |
| ఖ | చ | ల | క | ఇ | ం | ఠ | వ | క | స | ో | ద | ర | ి |
| హ | చ | ్ | ్ | మ | న | వ | డ | ు | ఫ | ప | బ | ు | త |
| భ | ఠ | ల | హ | ా | అ | మ | ్ | మ | మ | ్ | మ | ద | ప |
| ఢ | ల | ు | ల | ం | బ | అ | త | చ | ఛ | ఒ | ణ | ో | జ |
| ప | ల | డ | ణ | ద | ఉ | ం | ధ | ం | ద | ఛ | ణ | స | ప |
| ప | ై | ు | వ | డ | ు | క | ు | వ | ీ | ర | ్ | ూ | ప |
| అ | ఈ | త | ా | త | య | ు | ర | ు | త | ు | ూ | క | ణ |
| హ | ణ | ్ | ృ | మ | ఒ | ల | వ | ధ | ష | ల | ఒ | ధ | శ |
| బ | శ | త | ఒ | క | ం | ్ | ఇ | త | మ | ల | ్ | డ | త |
| ా | శ | అ | ప | ి | ల | ్ | ల | ల | ు | ద | అ | ల | య |
| ల | ష | ఖ | క | త | ం | డ | ్ | ర | ి | య | త | ర | ి |

పూర్వీకుడు
అత్త
సోదరుడు
బాల
బాల్యం
పిల్లలు
కజిన్
కూతురు
తండ్రి
తాత
అమ్మమ్మ
మనవడు
పతి
తల్లి
మేనల్లుడు
మేనకోడలు
పైతృక
సోదరి
అంకుల్
భార్య

# 15 - Farm #1

| | | | | | | | | | | | | | |
|---|---|---|---|---|---|---|---|---|---|---|---|---|---|
| త | ప | చ | భ | గ | వ | ద | ఠ | గ | చ | ఠ | హ | ణ | ఠ |
| ే | ి | ి | ఠ | ఢ | ు | శ | క | ఠ | ా | ఒ | డ | డ | గ |
| న | ల | క | ఒ | ష | క | ర | ు | ీ | న | డ | హ | ద | ళ |
| ు | ె | ు | ఠ | వ | ల | మ | ె | మ | ఉ | ె | ి | ఢ | ఎ |
| ఖ | ల | న | ె | స | ై | బ | వ | ర | జ | ల | హ | ద | ర |
| బ | ి | ె | భ | క | ఖ | ఞ | ప | ఉ | ం | ె | ల | మ | ు |
| ధ | ి | డ | ఫ | ష | త | ద | మ | హ | ఠ | ీ | ష | ు | వ |
| గ | ర | య | ం | స | ా | వ | య | ె | వ | ఫ | క | మ | ు |
| గ | త | హ | ె | ల | మ | ఒ | స | ష | ణ | వ | ు | ె | ల |
| అ | క | ే | మ | య | శ | ఆ | వ | ు | ధ | మ | క | ు | ు |
| అ | హ | ష | ద | య | ం | అ | గ | త | ఠ | ద | ె | త | బ |
| వ | ి | త | ె | త | న | ా | ల | ు | వ | ష | క | స | భ |
| క | ఖ | హ | శ | శ | క | ి | ా | క | ం | చ | ు | హ | హ |
| గ | జ | చ | ఢ | చ | ర | త | ం | ష | శ | జ | గ | భ | మ |

వ్యవసాయం
తుమ్మెద
బైసన్
దూడ
పిల్లి
చికెన్
ఆవు
కాకి
కుక్క
గాడిద
కంచె
ఎరువులు
ఫీల్డ్
మేక
హే
తేనె
గుర్రం
బియ్యం
విత్తనాలు
నీరు

# 16 - Camping

| | | | | | | | | | | | | | |
|---|---|---|---|---|---|---|---|---|---|---|---|---|---|
| అ | భ | భ | ఖ | ఖ | క | త | ి | క | ్ర | ర | ె | ప | బ |
| గ | ఊ | య | ల | ల | ధ | క | ా | స | ర | స | ె | స | ు |
| ె | త | మ | ా | ష | ా | ా | బ | డ | స | ప | ం | య | జ |
| న | ల | అ | ఒ | వ | ఢ | న | త | స | ు | మ | ష | ఞ | ం |
| ి | అ | ఠ | ఠ | ం | ే | ో | ప | ఒ | ా | ఒ | ం | స | త |
| ల | ా | ం | త | ర | ు | ట | ఉ | మ | ప | హ | క | హ | ు |
| ప | ర | ె | వ | త | ం | ె | ా | క | డ | క | స | ష | వ |
| ం | బ | ఈ | వ | ల | ట | స | వ | డ | హ | ె | చ | ం | ు |
| హ | ద | హ | అ | హ | ప | ె | డ | వ | ు | య | ా | ం | ల |
| అ | అ | ఢ | ల | త | ష | ర | ే | క | ఉ | ా | ట | శ | ు |
| ధ | అ | ఖ | జ | త | మ | ా | ర | ీ | బ | బ | ె | ర | ఢ |
| క | ం | ప | ా | స | ె | ా | ా | ట | అ | ి | ల | అ | ణ |
| ల | ళ | బ | ళ | స | మ | ఫ | ఫ | క | ళ | న | ు | ఖ | ద |
| చ | ం | ద | ె | ర | ు | డ | ు | ం | వ | ె | ళ | ధ | ఞ |

సాహసం
జంతువులు
క్యాబిన్
కానో
కంపాస్
అగ్ని
ఫారెస్ట్
తమాషా
ఊయల
వేటాడు
కీటకం
సరస్సు
లాంతరు
పటం
చంద్రుడు
పర్వతం
ప్రకృతి
తాడు
డేరా
చెట్లు

# 17 - Algebra

| | | | | | | | | | | | | | |
|---|---|---|---|---|---|---|---|---|---|---|---|---|---|
| క | స | ఫ | త | ర | ఆ | స | మ | ీ | క | ర | ణ | ం | క |
| ా | ు | మ | చ | ఈ | న | ం | న | ్ | ి | భ | అ | ఖ | ు |
| ర | న | ళ | ఒ | ద | వ | స | ు | ల | భ | త | ర | ం | ం |
| ణ | ్ | ణ | ం | మ | ా | ి | ర | ప | ఉ | ం | గ | ద | డ |
| ం | న | అ | ల | ధ | ల | ఈ | ల | ఞ | ఒ | ం | గ | హ | ల |
| ఢ | ఖ | ఫ | క | స | ు | ఈ | క | ఉ | ఉ | న | ఞ | క | ీ |
| ర | ే | ఖ | ా | చ | ి | త | ్ | ర | ం | అ | ణ | త | క |
| త | వ | ే | ర | ి | య | బ | ు | ల | ్ | స | అ | ీ | ర |
| ప | స | ్ | ర | ీ | ట | ్ | స | ్ | డ | ం | ఇ | స | ణ |
| ్ | శ | ం | మ | ా | త | ్ | ర | ి | క | స | ఉ | ి | ం |
| ప | ల | ఠ | ఖ | న | ి | య | మ | ం | ఠ | మ | మ | వ | స |
| ు | ఞ | శ | ఫ | ్ | ర | ా | ్ | గ | ఈ | స | ం | ే | ల |
| హ | ఖ | మ | ం | ం | య | య | య | ఉ | య | ్ | హ | త | బ |
| ప | ర | ి | ష | ్ | క | ా | ర | ం | బ | య | ప | మ | ఠ |

రేఖాచిత్రం
సమీకరణం
ఆనవాలు
కారణం
తప్పు
నియమం
భిన్నం
గ్రాఫ్
అనంతం
ఇండక్రీస్
మాత్రిక
సంఖ్య
కుండలీకరణం
సమస్య
పరిమాణం
సులభతరం
పరిష్కారం
తీసివేత
వేరియబుల్
సున్న

# 18 - Numbers

| | | | | | | | | | | | | | |
|---|---|---|---|---|---|---|---|---|---|---|---|---|---|
| ఒ | చ | ప | ప | ఒ | ఒ | డ | అ | ఉ | బ | ప | గ | త | త |
| ఢ | ఈ | ం | ప | న | ఢ | ప | ఐ | గ | ప | ద | ఠ | ొ | గ |
| ర | ఉ | త | వ | ద | ె | భ | ద | ం | అ | ి | ర | మ | ు |
| య | ద | ొ | య | ఈ | హ | న | ు | డ | ఏ | హ | డ | ె | ల |
| ద | డ | మ | వ | అ | వ | ా | ూ | శ | త | ే | ు | మ | ు |
| శ | ఠ | ె | మ | రా | డ | ు | ర | ం | హ | న | హ | ి | న |
| ా | ణ | మ | ర | ూ | ం | డ | ు | ు | డ | ు | ే | ద | ా |
| ం | య | ి | ట | క | ఒ | ఇ | ర | వ | ై | ు | ి | ి | ె |
| శ | జ | ద | ి | మ | ి | న | ి | ద | ూ | ె | ద | ప | ద |
| ర | బ | ి | య | అ | ర | డ | ు | రా | మ | ద | ప | ం | ప |
| న | ా | ల | ు | గ | ు | ఎ | న | ి | మ | ి | ద | ి | ద |
| ఒ | ఠ | చ | ఉ | ఉ | ఒ | ం | ఢ | ర | ఉ | ఢ | ఆ | వ | ి |
| ఖ | ఖ | ఉ | హ | త | ఫ | ధ | భ | ళ | ం | ధ | భ | ర | ధ |
| ఈ | జ | ళ | చ | ఖ | ణ | అ | వ | గ | ఫ | ఞ | ష | భ | ు |

దశాంశ
ఎనిమిది
పద్దెనిమిది
పదిహేను
ఐదు
నాలుగు
పద్నాలుగు
తొమ్మిది
పంతొమ్మిది
ఒకటి

ఏడు
పదిహేడు
ఆరు
పదహారు
పది
పదమూడు
మూడు
పన్నెండు
ఇరవై
రెండు

# 19 - Spices

| | | | | | | | | | | | | | |
|---|---|---|---|---|---|---|---|---|---|---|---|---|---|
| ప | క | త | శ | అ | క | ొ | త | ్ | త | ి | మ | ీ | ర |
| ర | ళ | ీ | జ | ల | ఉ | ం | శ | య | వ | ఫ | మ | ఉ | ా |
| ఫ | ధ | ప | ఖ | ్ | ఈ | ప | భ | ష | ఒ | ్ | ె | ల | క |
| క | ె | ి | జ | ల | ఇ | ఠ | ్ | ర | జ | ల | ం | ్ | మ |
| ు | ఏ | న | గ | ం | ం | వ | ల | ప | ష | ే | త | ల | ి |
| ం | క | ల | ్ | మ | ఖ | డ | డ | ఢ | ు | వ | ు | ి | ర |
| క | మ | స | క | న | ఠ | శ | ష | ఫ | ఖ | ర | ల | ప | ప |
| ు | ఠ | ం | ఈ | ు | ె | వ | ఠ | అ | ప | ్ | ు | ా | క |
| మ | ఠ | ల | ఇ | ణ | ల | ల | స | ొ | ం | ప | ు | య | ా |
| వ | ె | న | ి | ల | ా | ు | ్ | డ | ఫ | ఢ | హ | డ | య |
| ల | ద | ా | ల | ్ | చ | ి | న | చ | ె | క | ్ | క | భ |
| వ | ె | ల | ్ | ల | ు | ల | ్ | ల | ి | క | ల | య | క |
| చ | ే | ద | ు | ఠ | ష | స | ర | ఇ | ఠ | ఢ | చ | ర | ద |
| ర | ర | ్ | క | ల | ీ | జ | ా | జ | ి | క | ా | య | డ |

జాజికాయ
మిరపకాయ
ఉప్పు
తీపి
వెనిలా

# 20 - Universe

| | | | | | | | | | | | | | |
|---|---|---|---|---|---|---|---|---|---|---|---|---|---|
| ఖ | ణ | ం | ర | వ | త | ా | ా | వ | భ | అ | ళ | వ | వ |
| అ | గ | హ | ఉ | ం | ఖ | డ | ట | జ | ా | ఢ | డ | ఉ | బ |
| ఉ | క | ో | డ | ప | గ | ఠ | ి | శ | మ | స | చ | స | స |
| ఆ | ధ | ె | ళ | ు | ో | ళ | క | శ | ధ | చ | భ | భ | ఉ |
| క | క | స | ష | శ | ళ | స | ీ | క | ె | ల | ా | ూ | గ |
| ా | డ | ణ | అ | ా | ా | ష | చ | ఫ | య | జ | ప | ల | ష |
| శ | ణ | డ | జ | ఫ | ం | స | ణ | మ | ర | క | ె | ం | స |
| ం | వ | ు | గ | గ | ళ | శ | ె | ల | ే | ప | గ | క | ఈ |
| స | ా | ర | ఇ | ఢ | ఢ | మ | ం | త | ఖ | ద | స | శ | ర |
| ఉ | ఒ | ు | ఠ | బ | బ | య | ష | ె | ె | క | క | హ | ఇ |
| డ | ప | ద | ర | ే | ఖ | ా | ం | శ | ం | ర | ద | ర | ధ |
| డ | ప | ె | క | ో | స | ె | ల | ి | ూ | ట | ం | ె | ప |
| శ | ఢ | ం | అ | ర | ె | ధ | గ | ో | ళ | ం | ఫ | గ | డ |
| అ | ప | చ | ే | ప | ి | ం | ి | న | క | ఢ | ధ | బ | జ |

గ్రహశకలం
ఖగోళ శాస్త్రం
వాతావరణం
ఖగోళ
చీకటి
భూమధ్యరేఖ
గెలాక్సీ
అర్ధగోళం
అక్షాంశం
రేఖాంశం
చంద్రుడు
కక్ష్య
ఆకాశం
సౌర
సంక్రమణ
టెలిస్కోప్
వంపు
కనిపించే

# 21 - Mammals

| | | | | | | | | | | | | | |
|---|---|---|---|---|---|---|---|---|---|---|---|---|---|
| డ | జ | ి | ర | ా | ఫ | ీ | ఠ | ఒ | ప | ఎ | బ | ఉ | జ |
| ఒ | ా | క | ు | ం | ద | ే | ల | ు | త | ల | ీ | శ | ీ |
| త | ళ | ల | ా | ల | ె | ర | ి | ొ | గ | ు | వ | జ | బ |
| ఉ | ి | ఇ | ె | ప | ి | ల | ె | ల | ి | గ | ర | ఠ | ె |
| త | ఙ | మ | ం | ఫ | వ | వ | ం | గ | ఠ | ు | ె | ఉ | ర |
| హ | ం | ం | ి | స | ి | భ | వ | ు | ఖ | బ | భ | ఫ | ా |
| గ | బ | ఉ | ర | ం | ఢ | న | శ | ర | క | ం | న | వ | హ |
| ర | ధ | ఢ | మ | ఢ | గ | బ | ె | ె | ఢ | ట | క | ఫ | భ |
| త | ో | డ | ే | ల | ు | ల | త | ర | ఉ | ి | ె | ఢ | బ |
| ష | ల | ఇ | ప | ఎ | ఠ | క | ం | ం | బ | ష | క | వ | ఉ |
| వ | మ | య | ళ | శ | ద | క | ధ | బ | ఏ | న | ు | గ | ు |
| చ | ఈ | ఖ | ర | ూ | ర | ె | ొ | గ | ఉ | ళ | మ | ఫ | ఢ |
| ఢ | డ | భ | ఢ | హ | స | ు | ద | ద | జ | ఒ | స | ం | ఖ |
| క | ో | త | ి | ఈ | ఠ | క | ర | ు | గ | ా | ం | క | వ |

ఎలుగుబంటి
బీవర్
ఎద్దు
పిల్లి
మరి
కుక్క
డాల్ఫిన్
ఏనుగు
నక్క
జిరాఫీ
గొరిల్లా
గుర్రం
కంగారు
సింహం
కోతి
కుందేలు
గొర్రె
తిమింగలం
తోడేలు
జీబ్రా

# 22 - Restaurant #1

| | | | | | | | | | | | | | |
|---|---|---|---|---|---|---|---|---|---|---|---|---|---|
| అ | ధ | ఈ | ర | ళ | స | ీ | ప | ్ర | ె | స | ర | ష | ణ |
| క | ల | ఈ | ఖ | శ | ం | ణ | చ | చ | స | ఠ | స | ఒ | భ |
| ల | త | ్ | జ | డ | ం | ల | ు | మ | ా | ు | ర | స | ద |
| జ | ధ | ె | ర | క | ా | ఫ | ీ | డ | స | శ | వ | డ | ఫ |
| య | ఇ | ఒ | త | ె | మ | బ | ర | ట | ె | ల | ే | ె | ప |
| డ | స | చ | ం | ి | జ | అ | ె | ల | చ | ర | న | ఢ | ప |
| వ | ం | ట | గ | ద | ి | ీ | య | ఉ | శ | ం | ్ | చ | డ |
| ర | ి | జ | ర | ె | వ | ే | ష | న | ె | ా | న | ె | స |
| ద | ఫ | ప | వ | ర | ణ | ధ | ి | ు | చ | హ | ె | గ | బ |
| అ | ఫ | స | ప | ఒ | ణ | ఒ | య | ్ | ి | ఆ | ి | జ | ళ |
| చ | ఒ | ర | వ | ణ | శ | ఫ | ా | మ | క | వ | గ | జ | అ |
| ద | య | ష | చ | ఈ | ప | ఠ | ె | ఒ | ్ | ఫ | ఒ | ణ | ం |
| త | ి | న | డ | ా | న | ి | క | ి | న | ఫ | ఉ | ప | ణ |
| స | ే | వ | క | ు | ర | ా | ల | ు | ె | ఈ | ఖ | స | అ |

అలెర్జీ
గిన్నె
బ్రెడ్
క్యాషియర్
చికెన్
కాఫీ
ఆహారం
వంటగది
కత్తి
మాంసం
మెను
రుమాలు
ప్లేట్
రిజర్వేషన్
సాస్
స్పైసీ
తినడానికి
సేవకురాలు

# 23 - Bees

| | | | | | | | | | | | | | |
|---|---|---|---|---|---|---|---|---|---|---|---|---|---|
| న | మ | ఆ | ఢ | ల | ప | ద | ఢ | ష | ఒ | ర | ఇ | గ | ద |
| ్ | ై | హా | ఖ | ప | డ | ు | య | ు | ర | ె | గా | స | ం |
| వ | న | ా | ఉ | ద | ం | ళ | ప | ఉ | హా | జ | భ | ఠ | డ |
| ా | ం | ర | ం | భ | ం | డ | వ | ె | హా | డ | జ | జ | ు |
| స | మ | ం | త | త | అ | ఢ | ు | ధ | ప | గ | ర | మ | ష |
| వ | ర | ి | క | ె | క | ల | ు | చ | ణ | ొ | స | శ | ట |
| ి | ణ | ఠ | ల | ు | వ | ు | వ | ె | ు | ప | డ | మ | ో |
| ౖ | ఇ | ్ | మ | ఢ | య | స | డ | ధ | ష | డ | ఉ | ్ | త |
| వ | ప | ర | ా | గ | స | ం | ప | ర | ె | క | ం | క | ే |
| ్ | ళ | చ | ఈ | ర | ళ | మ | ొ | క | ె | క | ల | ు | న |
| ధ | ం | గ | అ | భ | శ | ఖ | భ | ం | ఈ | చ | మ | అ | ి |
| ె | వ | బ | ద | ఖ | బ | ఒ | వ | ట | ళ | ఢ | ఫ | వ | ప |
| య | హా | య | అ | ఇ | చ | ళ | ఢ | ీ | స | త | ఠ | శ | ఉ |
| ం | ఠ | శ | ఢ | ఒ | వ | త | ఠ | క | స | ం | శ | ర | గ |

వైవిధ్యం
పువ్వులు
ఆహారం
పండు
తోట
నివాస
తేనె
కీటకం
మొక్కలు
పుప్పొడి
పరాగసంపర్కం
రాణి
పొగ
సూర్యుడు
దండు
మైనం
రెక్కలు

# 24 - Photography

| | | | | | | | | | | | | | |
|---|---|---|---|---|---|---|---|---|---|---|---|---|---|
| ట | మ | ర | ద | ష | ర | ధ | ష | ఇ | ద | జ | చ | ణ | ఈ |
| ి | భ | ఢ | ద | ణ | ం | క | ో | ట | ి | ష | ్ | ృ | ద |
| క | మ | వ | ర | ఖ | గ | ఉ | వ | ు | త | ు | ్ | స | వ |
| ీ | ా | ు | జ | ల | ు | డ | ీ | న | య | ే | స | ధ | జ |
| చ | ఎ | ర | ల | ధ | ఒ | ల | భ | ప | శ | ధ | న | ళ | గ |
| ర | గ | ు | ్ | వ | ి | ర | ు | ద | ్ | ధ | ం | గ | ా |
| ఢ | ్ | త | క | ప | ళ | ర | భ | చ | ృ | త | చ | ఠ | వ |
| ఠ | జ | త | భ | ె | ు | స | డ | ట | ద | అ | వ | మ | ు |
| వ | ి | ్ | ద | న | మ | ఫ | ళ | ్ | అ | ఒ | ర | ఖ | ద |
| ి | బ | ి | ళ | ల | ధ | ె | ఉ | ర | మ | ఉ | ్ | డ | ు |
| ష | ి | చ | ఠ | ు | త | ద | ర | ం | ఉ | ఢ | ి | ఫ | ృ |
| య | ష | మ | భ | ప | ష | ఈ | శ | ా | ఫ | ం | న | ధ | మ |
| ం | న | ఢ | జ | ు | ఫ | ా | ర | ్ | మ | ా | ట | ్ | త |
| గ | ్ | ల | ై | ట | ి | ం | గ | ్ | ప | ధ | ల | ప | భ |

నలుపు
కెమెరా
రంగు
కూర్పు
విరుద్ధంగా
చీకటి
నిర్వచనం
ఎగ్జిబిషన్
ఫార్మాట్
చిత్రం

లైటింగ్
వస్తువు
దృష్టికోణం
చిత్తరువు
నీడలు
మృదువుగా
విషయం
నేత
దృశ్య

# 25 - Weather

| | | | | | | | | | | | | | |
|---|---|---|---|---|---|---|---|---|---|---|---|---|---|
| శ | ఖ | వ | వ | డ | స | చ | క | ప | క | ధ | గ | మ | ళ |
| ఠ | ~~ౠ~~ | ~~ౠ~~ | ా | త | త | శ | ా | ం | ర | ె | ప | హ | గ |
| ఉ | హ | ద | గ | త | చ | క | భ | న | ు | ఫ | ా | ు | త |
| ష | ర | ఫ | ా | య | ా | శ | ఉ | ఒ | వ | ం | ల | ఠ | క |
| ె | ి | ఉ | ల | ష | శ | వ | ద | ళ | ు | ర | ఫ | ప | ఢ |
| ణ | క | మ | ి | ఇ | హ | క | ర | స | ఫ | ి | ఆ | ష | ఒ |
| ో | ే | ఉ | ై | అ | స | జ | వ | ణ | ఘ | జ | క | ద | గ |
| గ | న | ర | ఇ | ర | ప | ొ | డ | ి | ం | ై | ా | య | భ |
| ె | ె | ు | ల | డ | ు | ఢ | జ | శ | ే | న | శ | శ | ద |
| ర | ల | మ | ఉ | ధ | భ | ప | శ | త | మ | ె | ం | ఉ | ఉ |
| త | ఢ | ు | అ | ప | వ | స | ు | ప | ో | ల | ా | ర | ె |
| ప | ొ | గ | మ | ం | చ | ు | ఐ | మ | చ | ఒ | ఠ | ఢ | త |
| ఉ | ష | ె | ణ | మ | ం | డ | ల | స | త | ధ | హ | వ | మ |
| స | ు | డ | ి | గ | ా | ల | ి | ళ | ె | ఢ | గ | ఇ | ష |

వాతావరణం
ప్రశాంతత
మేఘం
కరువు
పొడి
వరద
పొగమంచు
హరికేన్
ఐస్
మెరుపు
రిజైన్
పోలార్
ఆకాశం
తుఫాను
ఉష్ణోగ్రత
ఉరుము
సుడిగాలి
ఉష్ణమండల
గాలి

# 26 - Adventure

| | | | | | | | | | | | | | |
|---|---|---|---|---|---|---|---|---|---|---|---|---|---|
| ఉ | ఆ | ణ | చ | డ | క | ప | గ | ం | ె | ర | వ | స | ఈ |
| గ | న | ట | చ | ే | ఈ | ె | అ | మ | య | ర | ి | ె | క |
| ద | ం | ం | అ | ం | అ | ర | ధ | జ | ె | మ | హ | న | ం |
| భ | ద | ె | ష | జ | ధ | య | ద | ళ | మ | య | ళ | ే | ణ |
| వ | ం | ష | డ | ర | ీ | ా | య | త | ల | మ | ం | హ | హ |
| గ | ి | క | భ | స | ఈ | ణ | హ | య | స | జ | ఖ | ి | త |
| క | శ | హ | ఖ | ె | గ | ం | చ | ఈ | ఠ | గ | అ | త | ి |
| మ | ో | ఫ | ా | హ | స | వ | ా | ళ | ె | ల | ు | ు | క |
| బ | ఖ | త | స | ర | భ | ద | ె | ర | త | ఫ | ఒ | ల | ృ |
| డ | ధ | గ | ె | చ | ం | అ | వ | క | ా | శ | ం | ు | ర |
| ప | ఇ | వ | శ | త | న | ా | వ | ి | గ | ే | ష | న | ె |
| ఉ | త | ె | స | ా | హ | ం | జ | భ | ధ | ఒ | చ | య | ప |
| ణ | హ | ణ | ళ | త | ఢ | మ | ం | ఉ | ర | య | స | ద | త |
| ఢ | ఠ | ఠ | ఇ | ళ | భ | ఢ | ప | ర | ఈ | జ | శ | వ | వ |

క్రియ
అందం
సవాళ్లు
అవకాశం
డేంజరస్
గమ్యం
కష్టం
ఉత్సాహం
విహారం
స్నేహితులు
ప్రయాణం
ఆనందం
ప్రకృతి
నావిగేషన్
కొత్త
తయారీ
భద్రత
వర్గం

# 27 - Circus

| | | | | | | | | | | | | | |
|---|---|---|---|---|---|---|---|---|---|---|---|---|---|
| క | వ | ా | త | ు | బ | వ | ఏ | డ | ల | గ | అ | మ | ధ |
| మ | ే | జ | ి | క | ్ | ి | బ | న | ల | జ | ల | ి | బ |
| స | జ | ఒ | ణ | వ | ల | న | ం | ఫ | ు | ఖ | ు | ఠ | అ |
| గ | ి | త | ి | ో | క | ో | ళ | అ | గ | గ | వ | ా | అ |
| ఒ | య | ం | ా | ప | ఉ | ద | ఠ | వ | డ | ఒ | ు | య | శ |
| స | ష | గ | హ | చ | మ | ం | బ | ఈ | ు | య | త | ి | ్ |
| ధ | ఒ | ీ | శ | ం | ఠ | ం | ఇ | ఫ | బ | ప | ు | స | ర |
| ర | డ | ం | స | ష | భ | ష | జ | ల | ప | ఫ | ం | చ | మ |
| ష | స | స | ఈ | క | స | ళ | భ | ధ | ళ | ు | జ | ు | జ |
| క | ా | స | ్ | ట | ్ | య | ూ | మ | ్ | బ | ల | ప | ీ |
| స | ్ | ట | ే | ష | న | ర | ీ | హ | ణ | డ | ఒ | ి | వ |
| వ | ి | ద | ూ | ష | క | ు | డ | ు | త | ళ | ణ | ం | ి |
| డ | మ | ా | ం | త | ్ | ర | ి | క | ు | డ | ు | ూ | ఫ |
| ఈ | ఉ | జ | ం | ష | ప | డ | ే | ర | ా | డ | అ | చ | వ |

శ్రమజీవి
జంతువులు
బుడగలు
మిఠాయి
విదూషకుడు
కాస్ట్యూమ్
ఏనుగు
వినోదం
స్టేషనరీ
సింహం
మేజిక్
మాంత్రికుడు
కోతి
సంగీతం
కవాతు
చూపించు
డేరా
పులి
ఉపాయం

# 28 - Restaurant #2

| | | | | | | | | | | | | | |
|---|---|---|---|---|---|---|---|---|---|---|---|---|---|
| స | మ | ణ | చ | ఖ | బ | క | ళ | ం | ఞ | త | ఖ | శ | డ |
| క | ే | అ | గ | ఠ | ష | ఢ | ూ | ళ | ర | ఠ | భ | అ | ి |
| అ | ఈ | వ | ద | డ | ధ | చ | ణ | ర | మ | ం | చ | ు | న |
| ఉ | ఉ | వ | క | ్ | ర | ్ | ో | ఫ | గ | య | ద | ణ | ్ |
| క | ే | క | ్ | ు | క | ం | క | డ | ్ | ా | ల | స | న |
| ల | ఆ | చ | ే | ప | డ | ల | మ | ఉ | చ | ర | య | ఉ | ర |
| హ | ణ | క | మ | ణ | ు | ు | ్ | ప | ె | ద | ం | ల | ్ |
| య | గ | ణ | ల | ల | ం | అ | మ | ్ | ం | ఈ | న | గ | ు |
| న | ీ | ర | ు | ి | ప | బ | న | ప | చ | జ | ీ | ప | ఫ |
| గ | ు | డ | ్ | ల | ు | చ | ి | ు | ా | ఒ | ా | ు | శ |
| న | ూ | డ | ు | ల | ్ | స | ్ | త | మ | ల | ప | ల | మ |
| ఒ | త | గ | హ | క | ు | ర | ్ | చ | ీ | డ | ఈ | ు | ద |
| భ | య | ష | త | య | ఫ | వ | వ | గ | ఢ | హ | ద | స | ఒ |
| స | ష | క | భ | ల | ఉ | ఒ | ణ | చ | ప | ర | ఒ | ు | బ |

ఆకలి
పానీయం
కేక్
కుర్చీ
కమ్మని
డిన్నర్
గుడ్లు
చేప
ఫోర్క్
పండు
మంచు
లంచ్
నూడుల్స్
సలాడ్
ఉప్పు
పులుసు
చెంచా
కూరగాయలు
సేవకుడు
నీరు

# 29 - Geology

| | | | | | | | | | | | | | |
|---|---|---|---|---|---|---|---|---|---|---|---|---|---|
| ఉ | ఇ | ప | మ | ఈ | వ | ఫ | ు | క | య | ఉ | బ | ద | స |
| ప | ణ | ీ | ి | ఠ | ష | జ | ప | ా | ఖ | ం | డ | య | ై |
| ె | ఫ | ఠ | న | ఉ | స | ఇ | డ | ల | డ | ఈ | ఉ | ఆ | క |
| ప | ఈ | భ | ర | ె | జ | ీ | గ | ె | ఇ | ష | ఈ | మ | ి |
| ు | ల | ూ | ల | గ | ణ | అ | ప | ష | చ | డ | ద | ె | ల |
| స | ధ | మ | ె | ఖ | ష | గ | శ | ి | ఫ | య | ధ | ల | ె |
| ర | ె | ి | స | శ | ఒ | ు | భ | య | గ | స | ఇ | ం | స |
| బ | య | ఫ | ె | ఖ | ఖ | హ | ఇ | ం | ప | త | ఢ | ఢ | ె |
| గ | ి | ప | ట | క | ం | ధ | ధ | త | ం | చ | ప | ొ | ర |
| ల | ా | వ | ా | ి | ర | డ | ష | ప | క | ో | త | డ | ఇ |
| య | ర | డ | ర | ష | క | ి | ం | మ | ం | బ | ఖ | ద | ణ |
| య | త | హ | ఢ | ర | ఉ | ా | గ | ఒ | ూ | గ | ఈ | ణ | ల |
| శ | ఫ | ఒ | అ | వ | వ | ర | ల | ి | భ | ఠ | జ | వ | ఖ |
| డ | ఈ | ఫ | ా | స | ి | ల | ె | ు | న | శ | భ | ప | ర |

ఆమ్లం
కాల్షియం
గుహ
ఖండం
పగడప్పు
స్పటికాలు
సైకిల్స్
భూకంపం
కోత

ఫాసిల్
గీజర్
లావా
పొర
మినరల్స్
కరిగిన
పీఠభూమి
ఉప్పు
రాయి

# 30 - House

| | | | | | | | | | | | | | |
|---|---|---|---|---|---|---|---|---|---|---|---|---|---|
| చ | ణ | శ | బ | క | డ | వ | ప | మ | జ | ఈ | ళ | ర | త |
| ఒ | ద | ళ | ళ | భ | ధ | ం | ప | ద | ి | న | ా | ు | ప |
| ధ | ఫ | ం | ఉ | డ | ఈ | ట | చ | ధ | ీ | ఞ | ధ | ప | ం |
| ప | డ | చ | శ | ప | ఫ | గ | ఠ | ణ | ఫ | ప | మ | ు | ఠ |
| క | ొ | ర | మ | ష | చ | ద | జ | మ | బ | మ | ం | ీ | భ |
| ఒ | జ | య | స | ర | ూ | ి | ళ | డ | స | శ | వ | చ | ఉ |
| త | ు | స | ె | త | ం | అ | భ | ష | ఞ | మ | ర | శ | ప |
| అ | ళ | ఫ | ధ | య | క | ర | ె | ట | ూ | న | ె | ల | ు |
| క | అ | ఠ | ల | అ | ి | త | ద | ో | ప | క | చ | ం | డ |
| ీ | ళ | ద | ు | ట | ళ | ల | ఖ | త | జ | ధ | న | భ | ో |
| ల | ల | త | ె | క | ఒ | ు | క | ీ | ట | ి | ి | క | గ |
| ు | ఢ | త | ల | ద | చ | ప | శ | హ | క | శ | ె | క | ద |
| ఢ | ల | భ | జ | వ | ం | ు | త | ఞ | ఒ | ఢ | ర | ర | ి |
| గ | ె | ర | ం | ధ | ా | ల | య | ం | బ | వ | ఫ | డ | త |

అటక
పునాది
చీపురు
కర్టెన్లు
తలుపు
కంచె
పొయ్యి
అంతస్తు
ఫర్నిచర్
తోట

కీలు
వంటగది
దీపం
గ్రంథాలయం
అద్దం
మరొక
గది
జల్లు
గోడ
కిటికీ

# 31 - Physics

| | | | | | | | | | | | | | |
|---|---|---|---|---|---|---|---|---|---|---|---|---|---|
| ర | ె | య | ల | ి | క | ె | య | ా | ె | న | అ | మ | క |
| గ | స | ల | ె | స | ర | ె | వ | న | ి | ా | య | ా | ణ |
| ె | హ | ా | జ | త | ష | క | ె | ప | ే | ా | స | క | గ |
| య | ఈ | ధ | య | వ | ి | స | ె | త | ర | ణ | ె | ా | ం |
| ా | ఈ | త | బ | న | ం | గ | హ | ం | జ | ఇ | క | న | ద |
| స | త | ర | చ | ు | ద | న | ం | ఠ | ర | ం | ా | ి | ర |
| ె | మ | అ | ణ | ు | వ | ు | ద | ే | హ | జ | ం | క | గ |
| వ | ా | స | ా | ం | ద | ె | ర | త | వ | ి | త | ె | ో |
| డ | స | త | ె | వ | ర | ణ | ం | ణ | హ | న | త | స | ళ |
| ి | ె | న | ప | ణ | ఫ | భ | జ | క | ఉ | ె | ె | ె | ం |
| డ | ణ | ర | ి | య | మ | బ | జ | మ | మ | ఒ | వ | భ | క |
| ఒ | ధ | ఉ | ఢ | య | ం | ష | గ | గ | ద | ఖ | ం | జ | గ |
| ధ | భ | మ | ఈ | ం | మ | క | ర | ఒ | జ | భ | ల | ఢ | ఫ |
| ఠ | ధ | ధ | అ | ప | హ | ం | ఫ | భ | ప | ఖ | ఈ | అ | ధ |

త్వరణం
గందరగోళం
రసాయన
సాంద్రత
ఇంజిన్
విస్తరణ
నియమం
తరచుదనం
గ్యాస్
అయస్కాంతత్వం
మాస్
మెకానిక్స్
అణువు
న్యూక్లియర్
కణ
సాపేక్షత
వేగం
యూనివర్సల్
వడి

# 32 - Dance

| | | | | | | | | | | | | | |
|---|---|---|---|---|---|---|---|---|---|---|---|---|---|
| హ | మ | స | ఒ | శ | ల | ఫ | ఫ | ళ | మ | గ | ి | ం | భ |
| య | ఫ | ం | ఈ | అ | ా | య | ద | త | డ | ధ | బ | ద | ా |
| య | ీ | గ | మ | క | ధ | స | ం | య | ఈ | వ | య | ఢ | గ |
| ఢ | ర | ీ | ళ | ా | ద | త | ్ | ద | ృ | శ | ్ | య | స |
| వ | గ | త | ం | డ | ఈ | ద | ల | త | ం | ఈ | క | ద | ్ |
| చ | ్ | ం | ళ | మ | ళ | ర | వ | ి | ్ | జ | చ | ళ | వ |
| ద | య | య | ఉ | ీ | చ | ర | ఉ | క | య | ర | ం | త | ా |
| ఠ | ో | య | క | భ | ా | వ | ం | ృ | క | చ | ీ | ఒ | మ |
| శ | ర | ీ | ర | ్ | జ | వ | ఫ | స | ళ | ష | ణ | య | ి |
| ఢ | ి | ఈ | అ | స | త | ఢ | జ | ్ | ఆ | న | ం | ద | ం |
| గ | ొ | బ | ఇ | త | బ | ీ | మ | ం | య | ్ | ద | ఉ | స |
| ఉ | క | ణ | స | ళ | జ | అ | క | స | య | భ | జ | ప | చ |
| శ | ష | ధ | ఒ | ఖ | స | ర | అ | ర | వ | ప | వ | డ | ఒ |
| ర | ి | హ | ా | ర | ్ | స | ల | ్ | ణ | వ | డ | ఠ | వ |

అకాడమి
కళ
శరీర
కొరియోగ్రఫీ
శాస్త్రీయ
సంస్కృతి
భావం
వ్యక్తీకరణ
దయ
ఆనందం
ఉద్యమం
సంగీతం
భాగస్వామి
భంగిమ
రిహార్సల్
లయ
దృశ్య

# 33 - Coffee

| | | | | | | | | | | | | | |
|---|---|---|---|---|---|---|---|---|---|---|---|---|---|
| ఫ | వ | క | డ | ఫ | శ | త | త | శ | మ | శ | శ | చ | ఢ |
| ల | ం | ా | మ | ద | ఈ | చ | న | స | ా | వ | భ | డ | ఫ |
| ు | ి | ధ | ం | ర | శ | జ | ం | ల | ఆ | ఠ | జ | గ | ె |
| ా | ఫ | క | చ | క | ె | క | ూ | ర | ు | మ | ధ | ల | ల |
| ప | ి | ఞ | ె | భ | మ | చ | బ | ు | త | ప | ె | జ | ే |
| హ | ల | ళ | బ | వ | ఞ | బ | బ | ీ | ష | ళ | ు | ల | వ |
| బ | ె | డ | క | ధ | ి | ష | త | న | ఢ | మ | డ | ళ | ర |
| ర | ట | మ | ూ | శ | ఠ | డ | గ | ీ | మ | జ | ద | ణ | ె |
| త | ర | గ | ఫ | జ | వ | ఫ | ె | ం | ఠ | ఞ | ు | ప | ల |
| మ | ె | జ | ి | ఫ | చ | ధ | ల | డ | డ | ఉ | ే | ప | గ |
| ధ | ఒ | జ | న | క | ప | ె | క | ా | ల | ె | చ | ి | న |
| ప | చ | హ | ె | ళ | ఖ | అ | ధ | ర | ు | ే | వ | ఠ | ం |
| ఒ | ం | హ | ఒ | స | త | య | ణ | ఉ | ద | య | ం | య | డ |
| డ | ఢ | య | జ | ఢ | ప | ా | న | ీ | య | ం | ళ | ఒ | ధ |

ఆమ్లు
వాసన
పానీయం
చేదు
నలుపు
కెఫీన్
మీగడ
కప్
ఫిల్టర్
ఫ్లేవర్

వేరు
లిక్విడ్
పాలు
ఉదయం
మూలం
ధర
కాల్చిన
చక్కెర
నీరు

# 34 - Climbing

| | | | | | | | | | | | | | |
|---|---|---|---|---|---|---|---|---|---|---|---|---|---|
| ఇ | న | ట | వ | గ | ా | య | ం | ట | ప | క | గ | శ | గ |
| ర | శ | ె | ష | ా | స | ె | థ | ి | ర | త | ె | వ | ం |
| ు | ి | మ | య | ష | త | చ | ళ | హ | ఈ | ి | క | ం | భ |
| క | క | ు | ల | ా | స | ా | థ | ఖ | ద | ా | ి | ధ | ా |
| ై | ె | ల | స | శ | స | ప | వ | ర | ళ | భ | ం | ం | ా |
| న | ష | ె | ల | ఖ | స | ె | య | ర | ఖ | ఉ | ై | గ | భ |
| న | ణ | ు | ఎ | త | ె | త | ు | ర | ణ | భ | హ | ు | బ |
| ి | ఠ | హ | ణ | గ | భ | య | ఇ | ఢ | మ | ం | ఫ | హ | ణ |
| ప | త | ణ | క | గ | జ | క | జ | త | స | బ | ణ | ధ | క |
| ు | బ | ద | ఫ | ం | ం | గ | మ | క | ణ | ప | ఒ | ల | ధ |
| ణ | జ | ల | ు | గ | ు | డ | ు | త | ొ | త | ి | ే | చ |
| ు | ఒ | ర | మ | డ | ధ | మ | ద | గ | హ | ప | త | ష | ణ |
| డ | ణ | య | ల | ు | ళ | ె | ా | వ | స | ప | ణ | ం | స |
| ు | ఢ | చ | ఈ | ళ | ఠ | మ | య | చ | క | ఫ | ఇ | ం | చ |

ఎత్తు
వాతావరణం
గుహ
సవాళ్లు
న్యూస్
నిపుణుడు
చేతి తొడుగులు
హెల్మెట్
హైకింగ్

గాయం
పటం
ఇరుకైన
భౌతిక
స్థిరత్వం
బలము
భూభాగం
శిక్షణ

# 35 - Shapes

| | | | | | | | | | | | | | |
|---|---|---|---|---|---|---|---|---|---|---|---|---|---|
| ప | ు | ్ | ా | వ | క | హ | ఠ | శ | ఫ | ళ | ఢ | ర | ఊ |
| ి | ు | త | అ | ం | ా | ఢ | ప | బ | త | ణ | ధ | శ | హ |
| ర | డ | ం | ఇ | చ | ర | ఒ | న | ె | ై | ల | మ | ల | ై |
| మ | డ | త | వ | ర | ె | గ | ె | య | ర | మ | ం | ు | ప |
| ి | ద | ె | గ | జ | న | ణ | ో | ా | ె | ి | ఇ | చ | ర |
| డ | అ | వ | ఒ | ం | ర | ద | క | ె | డ | శ | జ | ు | ె |
| ె | ర | ృ | ఒ | భ | ె | ఠ | య | క | ల | ఫ | త | ం | బ |
| ల | బ | ఘ | ఉ | ు | ఠ | ర | జ | త | ి | చ | అ | అ | ో |
| వ | ష | ర | ఖ | ర | ర | ద | డ | ఖ | ం | ష | భ | గ | ల |
| ఓ | ల | ె | డ | ి | ఠ | ల | ర | ఒ | ి | త | వ | ణ | ా |
| క | ర | ీ | డ | ె | ద | ఊ | ఒ | మ | స | ప | ె | భ | ళ |
| త | ల | ద | చ | త | ు | ర | స | ె | ర | ం | ఒ | ృ | ఇ |
| గ | ో | ళ | ం | ఊ | హ | అ | త | ప | ఊ | అ | ర | ర | వ |
| ర | ౌ | ం | డ | ె | త | ఢ | బ | హ | ు | భ | ు | జ | ి |

వృత్తం
కోన్
కార్నర్
క్యూబ్
వంపు
సిలిండర్
అంచులు
దీర్ఘవృత్తం
హైపర్బోలా
లైన్
ఓవల్
బహుభుజి
ప్రిజం
పిరమిడ్
రౌండ్
వైపు
గోళం
చతురస్రం
త్రిభుజం

# 36 - Scientific Disciplines

| | | | | | | | | | | | | | |
|---|---|---|---|---|---|---|---|---|---|---|---|---|---|
| భ | ా | ష | ా | శ | ా | స | ్ | త | ్ | ర | ం | ఈ | స |
| వ | ృ | క | ్ | ష | శ | ా | స | ్ | త | ్ | ర | ం | ై |
| ప | ు | ర | ా | వ | స | ్ | త | ు | హ | ళ | శ | ఖ | క |
| జ | ద | స | ్ | క | ్ | న | ి | క | ా | ె | మ | న | ా |
| శ | ీ | ణ | భ | క | ర | ప | ఠ | జ | ఫ | ఉ | ళ | ి | ల |
| న | మ | వ | ణ | ష | ో | ప | ఢ | ి | ి | ష | హ | జ | జ |
| స | ్ | ళ | శ | ఉ | చ | ఫ | వ | య | జ | ్ | ధ | శ | ీ |
| హ | డ | య | ణ | ా | హ | మ | శ | ా | ి | ణ | ఖ | ా | చ |
| హ | చ | చ | ూ | ణ | స | త | ఖ | ల | క | గ | ఎ | స | గ |
| ఫ | వ | ఖ | ఇ | ర | ఖ | ్ | ఖ | జ | ్ | త | క | ్ | ఈ |
| బ | య | అ | హ | ఢ | ా | ర | త | ీ | స | ి | ా | త | శ |
| ఫ | ర | య | ఖ | బ | ష | ల | ఢ | ్ | ్ | క | ల | ్ | ఉ |
| హ | హ | ఇ | ఒ | ం | శ | జ | జ | ధ | ర | ం | జ | ర | ఢ |
| మ | త | ఢ | ఫ | య | ఒ | ళ | ఢ | ీ | ధ | ం | ీ | ం | ఖ |

ఫోకర్
పురావస్తు
జీవశాస్త్రం
వృక్షశాస్త్రం
ఎకాలజీ
జియాలజీ
భాషాశాస్త్రం

మెకానిక్స్
ఖనిజశాస్త్రం
న్యూరాలజీ
పోషణ
ఫిజిక్స్
సైకాలజీ
ఉష్ణగతిక

# 37 - Science

| | | | | | | | | | | | | | |
|---|---|---|---|---|---|---|---|---|---|---|---|---|---|
| చ | ల | ఉ | ధ | ఞ | ల | ప | జ | శ | ఫ | స | ం | ఖ | ప |
| స | ఠ | ఖ | ల | ధ | స | ె | ల | ె | ర | న | ి | మ | ద |
| ర | ళ | త | ి | క | ృ | ర | ె | ప | డ | ఫ | ం | ధ | ె |
| ప | ప | ణ | ఖ | అ | చ | య | య | జ | జ | ి | డ | వ | ధ |
| ర | ల | శ | ా | గ | య | ో | ర | ె | ప | జ | ే | ా | త |
| ి | ల | ఠ | స | ఉ | ద | గ | డ | ష | ష | ి | ట | త | ి |
| క | ఉ | ఫ | బ | హ | ఠ | ం | ఞ | హ | భ | క | ా | ా | ళ |
| ల | బ | ల | ఫ | ా | స | ి | ల | ె | ఖ | ె | ణ | వ | ళ |
| ె | డ | గ | ు | ం | వ | ు | ు | ణ | అ | స | వ | ర | గ |
| ప | ధ | త | ధ | వ | ఠ | అ | ా | డ | ఫ | ె | ధ | ణ | ఒ |
| న | య | ా | స | ర | ు | వ | ణ | జ | ీ | వ | ి | ం | ణ |
| ష | ర | హ | ర | జ | ల | ు | క | క | ె | ొ | మ | మ | హ |
| చ | ఠ | మ | హ | ల | మ | ం | ణ | ా | ి | ర | ప | క | ఒ |
| వ | ా | స | ె | త | వ | ం | త | అ | ల | చ | ఉ | ఒ | డ |

అణువు
రసాయన
వాతావరణం
డేటా
పరిణామం
ప్రయోగం
వాస్తవం
ఫాసిల్
పరికల్పన
ప్రయోగశాల
పద్ధతి
మినరల్స్
అణువులు
ప్రకృతి
జీవి
కణాలు
ఫిజిక్స్
మొక్కలు

# 38 - Beauty

| | | | | | | | | | | | | | |
|---|---|---|---|---|---|---|---|---|---|---|---|---|---|
| అ | స | ఒ | ధ | మ | ం | వ | ద | య | ర | డ | స | హ | ల |
| చ | ౌ | ధ | ప | బ | ప | ఠ | హ | డ | ల | ఫ | ు | ద | ి |
| ఢ | ం | ఫ | ఉ | ్ | ఞ | ద | అ | స | డ | శ | వ | శ | ప |
| ఒ | ద | హ | ో | గ | ప | ళ | మ | హ | ష | క | ా | ప | ్ |
| హ | ర | ల | ష | ట | ల | ు | వ | ే | స | ు | స | స | స |
| భ | ్ | ల | బ | ఢ | ో | ఉ | గ | ు | ం | ర | న | ౌ | ్ |
| చ | య | మ | శ | బ | ఞ | జ | య | ల | ప | ు | ఞ | గ | ట |
| స | ర | త | ూ | ్ | త | క | ూ | ు | చ | ల | ఠ | స | ి |
| ఠ | ప | ్ | క | ే | మ | ధ | ఢ | న | ల | ు | క | ై | క |
| ద | ా | ణ | మ | హ | ఠ | క | ధ | ూ | ి | మ | డ | న | ్ |
| ఢ | ం | ల | ద | ం | ్ | ద | అ | ా | ర | క | య | క | ం |
| భ | ా | ఈ | ల | క | బ | ష | అ | న | ఖ | శ | ్ | బ | ద |
| హ | ష | ఉ | త | ్ | ప | త | ్ | త | ు | ల | ు | ఢ | ధ |
| ఈ | చ | ద | వ | ఆ | క | ర | ్ | ష | ణ | య | ల | భ | య |

ఆకర్షణ
రంగు
సౌందర్య
కురులు
ఒప్పు
సొగసైన
సువాసన
దయ
లిప్స్టిక్
మేకప్
అద్దం
నూనెలు
ఫోటోజెనిక్
ఉత్పత్తులు
కత్తెర
సేవలు
షాంపూ
చర్మం

# 39 - Clothes

| | | | | | | | | | | | | | |
|---|---|---|---|---|---|---|---|---|---|---|---|---|---|
| మ | ష | వ | మ | ష | జ | ల | ఈ | ఈ | ల | ణ | ష | ర | బ |
| ఫ | త | డ | జ | అ | ీ | డ | మ | డ | ు | శ | ప | వ | క |
| ప | ల | స | ఈ | డ | న | ్ | ష | య | ా | ్ | ఫ | ి | ం |
| ్ | న | ్ | ర | ా | ్ | ప | అ | ర | ణ | చ | హా | క | క |
| య | ల | ు | త | ు | స | ్ | ు | ద | ర | క | ర | ఒ | ణ |
| ా | బ | ఢ | ం | మ | ్ | శ | ప | ర | భ | వ | ో | ఠ | ం |
| ం | స | ్ | క | ా | ర | ్ | ఫ | ్ | ఆ | ఠ | ఉ | ట | ం |
| ట | చ | ే | త | ి | త | ొ | డ | ు | గ | ు | ల | ు | ు |
| ు | బ | ె | ల | ్ | ట | ్ | ఇ | మ | ా | జ | ా | ై | ప |
| స | ా | క | ్ | స | ్ | చ | గ | ం | ం | ర | ల | ఘ | ల |
| ఈ | ప | ఈ | వ | క | క | ఒ | గ | భ | ల | ధ | త | జ | ల |
| బ | చ | ణ | ఈ | ల | ె | చ | ొ | క | ్ | క | ా | ర | శ |
| స | డ | ర | ష | బ | ా | చ | ె | ప | ్ | ప | ు | ల | ు |
| ఉ | చ | వ | రా | ల | జ | చ | ల | ి | క | ో | ట | ు | ప |

అప్రాన్
బెల్ట్
రవిక
కంకణం
కోటు
దుస్తులు
ఫ్యాషన్
చేతి తొడుగులు
జాకెట్
జీన్స్

ఆభరణాలు
పైజామా
ప్యాంటు
చెప్పులు
స్కార్ఫ్
చొక్కా
షూ
లంగా
సాక్స్
చలి కోటు

# 40 - Ethics

| | | | | | | | | | | | | | |
|---|---|---|---|---|---|---|---|---|---|---|---|---|---|
| ర | ల | ప | క | య | స | ం | జ | ం | మ | స | వ | గ | ఫ |
| ం | వ | ఖ | ధ | ప | మ | జ | ద | ం | వ | ా | ా | శ | ఆ |
| ా | మ | ఠ | ఠ | ఫ | గ | ె | ఫ | న | వ | న | స | ద | శ |
| క | ర | ు | ణ | త | ె | ఞ | బ | హ | ి | ి | ె | ౌ | శ |
| హ | ఠ | ణ | స | బ | ర | ా | జ | స | ల | జ | త | త | వ |
| స | చ | ణ | ల | ో | త | న | స | ఉ | ు | ా | వ | ె | ద |
| ణ | ష | ర | త | త | మ | ం | త | క | వ | య | ి | య | డ |
| హ | ే | త | ు | బ | ద | ె | ధ | త | ల | ి | క | ప | ం |
| వ | ి | శ | ె | వ | ా | స | ం | స | ు | త | త | ర | ల |
| ఢ | హ | డ | ఠ | మ | బ | అ | మ | ఠ | శ | ీ | ణ | మ | ద |
| చ | ఉ | ద | ఖ | ం | మ | వ | ఖ | య | ద | ష | ర | ై | ర |
| త | త | ె | వ | ం | ద | గ | ౌ | ర | వ | ం | ద | న | ల |
| ఞ | ఞ | శ | ద | ం | వ | ా | త | ి | క | ె | య | ె | వ |
| ఖ | ణ | ఠ | త | శ | ష | య | చ | ఈ | య | ఒ | ఞ | ప | చ |

విశ్వాసం
కరుణ
సహకారం
గౌరవం
దౌత్యపర్వమైన
నిజాయితీ
మోసము
వ్యక్తివాదం
సమగ్రత
దయ
ఆశావాదం
సహనం
తత్వం
హేతుబద్ధత
వాస్తవికత
సమంజసం
విలువలు
జ్ఞానం

# 41 - Astronomy

| | | | | | | | | | | | | | |
|---|---|---|---|---|---|---|---|---|---|---|---|---|---|
| మ | ఢ | ల | అ | ఉ | ప | గ | ్ | ర | హ | ం | గ | చ | గ |
| ఢ | మ | వ | భ | ఠ | ల | ం | క | శ | హ | ర | ్ | గ | ె |
| ఉ | ఒ | వ | న | ్ | ష | య | ే | డ | ి | ే | ర | య | ల |
| బ | స | ూ | ప | ర | ్ | న | ో | వ | ా | మ | హ | ఒ | ా |
| ళ | వ | వ | గ | ీ | ర | స | ౌ | ర | మ | చ | ం | ం | క |
| చ | ్ | ి | ్ | ట | ఆ | ా | జ | ఞ | బ | గ | చ | న | ్ |
| ం | య | ష | ర | వ | క | క | క | ా | ్ | ల | ఉ | ె | స |
| ద | ో | ు | హ | ే | ఫ | ా | ా | ె | య | ర | ఖ | బ | ీ |
| ్ | మ | వ | ణ | ర | చ | ఠ | స | శ | ట | శ | బ | ్ | ఠ |
| ర | గ | త | ం | ్ | స | క | య | ్ | ం | ్ | ఒ | య | త |
| ు | ా | ్ | ధ | జ | ం | ు | ప | హ | మ | త | శ | ు | ద |
| డ | మ | ధ | ర | ్ | ం | శ | ఊ | భ | ి | ో | చ | ల | ళ |
| ు | ి | వ | గ | బ | ణ | ఞ | ణ | ప | ూ | క | స | ా | ధ |
| య | ప | ఢ | శ | అ | హ | స | ఖ | ద | భ | జ | మ | ్ | ఖ |

గ్రహశకలం
వ్యోమగామి
పుంజ
కాస్మోస్
భూమి
గ్రహణం
విషువత్
గెలాక్సీ
ఉల్కా
చంద్రుడు
నెబ్యులా
అబ్జర్వేటరీ
గ్రహం
రేడియేషన్
రాకెట్
ఉపగ్రహం
ఆకాశం
సౌర
సూపర్నోవా

# 42 - Health and Wellness #2

| | | | | | | | | | | | | | |
|---|---|---|---|---|---|---|---|---|---|---|---|---|---|
| ష | ఞ | బ | అ | య | బ | ఖ | ఫ | క | ప | వ | ర | మ | వ |
| స | జ | చ | డ | ప | చ | డ | ష | ె | ో | క | ం | ర | ి |
| ఒ | ఈ | ధ | ి | య | ా | ్ | వ | ల | ష | క | ఞ | ్ | ట |
| ఈ | ఢ | ఖ | త | ి | ్ | క | శ | ో | ణ | ఆ | భ | ద | మ |
| ఉ | శ | ఞ | ి | య | త | ఞ | ం | ర | ప | స | ణ | ి | ి |
| శ | ు | భ | ్ | ర | ం | గ | ా | ీ | ష | ు | ర | ం | న |
| ఖ | మ | బ | త | ర | ్ | క | ో | ఫ | మ | ప | జ | చ | ్ |
| భ | ఒ | డ | ఒ | వ | క | ఒ | త | క | డ | త | ీ | ు | వ |
| బ | ర | ు | వ | ు | ర | ం | ా | హ | ఆ | ్ | ర | ఠ | త |
| జ | ష | ఒ | ణ | ం | ర | క | ల | ీ | జ | ర | ్ | ి | న |
| ఇ | న | ్ | ఫ | ె | క | ్ | ష | న | ్ | ి | ె | త | క |
| ఢ | ద | ర | ి | క | వ | ర | ీ | ష | ఒ | ఉ | ల | జ | వ |
| ఞ | స | ఠ | జ | ఈ | ఠ | హ | జ | ఒ | ల | ణ | అ | క | ఉ |
| మ | ళ | త | న | మ | ై | ర | క | య | గ | ్ | ో | ర | ఆ |

అలెర్జీ
ఫోకర్
ఆకలి
రక్తం
కెలోరీ
నిర్జలీకరణం
ఆహారం
వ్యాధి
శక్తి
ఆరోగ్యకరమైన

ఆసుపత్రి
శుభ్రంగా
ఇన్ఫెక్షన్
మర్దించు
పోషణ
రికవరీ
ఒత్తిడి
విటమిన్
బరువు

# 43 - Time

| | | | | | | | | | | | | | |
|---|---|---|---|---|---|---|---|---|---|---|---|---|---|
| ఇ | ద | ర | ె | డ | ల | ్ | ం | య | ా | ె | క | ఒ | య |
| స | ప | శ | ా | ర | ఉ | గ | మ | మ | త | గ | శ | ర | శ |
| ం | స | ె | ా | త | స | ం | బ | ఘ | ె | డ | క | ర | త |
| వ | ం | బ | ప | బ | ె | ట | స | అ | వ | ి | ఈ | ో | ు |
| త | హ | ర | ధ | ు | ె | ర | గ | మ | ర | య | ష | జ | త |
| ె | బ | ర | ఖ | బ | డ | ద | ి | ు | ల | ా | ణ | ు | ె |
| స | ం | ణ | ధ | డ | ు | ు | ం | ం | ో | ర | శ | య | య |
| ర | ం | ా | వ | య | ే | య | య | ద | న | ం | త | మ | ష |
| ం | డ | అ | ల | ర | న | డ | ద | ు | న | ఘ | ా | ఫ | ె |
| న | ి | మ | ి | ష | ం | శ | ఉ | వ | ె | గ | బ | డ | ి |
| ఢ | ఘ | ఖ | త | ధ | ణ | భ | క | ష | ి | ర | ె | ా | వ |
| మ | ధ | ె | య | ా | హ | ె | న | ం | న | స | ద | ఘ | భ |
| ఖ | ల | గ | వ | గ | వ | ఖ | అ | డ | ్ | ఫ | ం | ఉ | ఢ |
| చ | డ | ధ | ఘ | ప | ప | బ | భ | ం | ల | ఠ | త | ఢ | హ |

వార్షిక
ముందు
క్యాలెండర్
శతాబ్దం
గడియారం
రోజు
దశాబ్దం
భవిష్యత్తు
గంట
నిమిషం
నెల
ఉదయం
రాత్రి
మధ్యాహ్నం
ఇప్పుడు
త్వరలో
నేడు
వారం
సంవత్సరం
నిన్న

# 44 - Buildings

| | | | | | | | | | | | | | |
|---|---|---|---|---|---|---|---|---|---|---|---|---|---|
| ద | ధ | య | వ | క | ఒ | శ | డ | ఖ | ణ | క | ర | శ | ళ |
| ఉ | ఉ | గ | ర | ్ | య | ం | డ | ి | ట | ే | ్ | స | క |
| డ | ఉ | ర | ీ | క | య | ఠ | ఫ | అ | గ | థ | ట | ్ | ో |
| ఫ | స | ఉ | ట | ర | గ | వ | య | స | ర | డ | య | ా | ట |
| ఢ | మ | ణ | క | ీ | య | ఇ | స | ఢ | భ | ్ | ే | హ | ఆ |
| హ | ా | స | ్ | ట | ల | ్ | ల | ా | ఉ | ర | ి | ం | స |
| అ | న | ఈ | య | వ | ఠ | ఢ | య | ్ | య | ల | థ | ధ | ు |
| ల | ి | ర | ా | ే | డ | స | ం | ణ | ల | ్ | చ | ం | ప |
| ్ | ి | ఠ | ్ | ర | ఞ | ఖ | ఉ | ఠ | చ | ు | ఖ | గ | త |
| ట | స | డ | ఫ | ్ | ద | ఢ | ప | ా | ఠ | శ | ా | ల | ్ |
| ో | వ | య | ం | జ | ి | య | ా | ్ | మ | గ | భ | ఈ | ర |
| హ | ష | ర | న | ్ | బ | ి | య | ా | ్ | క | థ | ధ | ి |
| క | ద | ఢ | ్ | బ | ప | ్ | ర | య | ో | గ | శ | ా | ల |
| గ | త | జ | డ | అ | డ | జ | బ | గ | శ | ఢ | ష | జ | ర |

హౌస్
క్యాబిన్
కోట
కేథడ్రల్
సినిమా
ఫ్యాక్టరీ
వ్యవసాయ
ఆసుపత్రి
హాస్టల్
హెూటల్
ఇల్లు
ప్రయోగశాల
మ్యూజియం
అబ్జర్వేటరీ
పాఠశాల
స్టేడియం
డేరా
థియేటర్
టవర్

# 45 - Philanthropy

| | | | | | | | | | | | | | |
|---|---|---|---|---|---|---|---|---|---|---|---|---|---|
| ఉ | మ | ి | ష | న | ్ | ష | ధ | య | మ | య | అ | ఫ | అ |
| న | ద | జ | ఠ | స | ం | ఈ | ఒ | య | ం | ో | ప | జ | చ |
| ి | ు | ా | అ | వ | స | ర | ం | ఫ | ష | బ | స | త | భ |
| ధ | ్ | ర | త | ఉ | ల | ు | ల | ల | ్ | ి | ప | మ | ల |
| ు | ద | ్ | హ | ్ | ఞ | క | చ | ర | ి | త | ్ | ర | ు |
| ల | ర | ప | డ | ఞ | త | క | ్ | ఞ | ఞ | బ | య | ఠ | జ |
| ు | బ | మ | ద | శ | వ | త | ద | ష | ఞ | స | ు | శ | ర |
| స | మ | ూ | హ | ా | ల | ు | ల | ఢ | ్ | జ | వ | ప | ్ |
| ఞ | చ | స | వ | ా | ళ | ్ | ల | ు | ద | య | త | జ | ప |
| ష | ప | ర | ి | చ | య | ా | ల | ు | అ | మ | ా | భ | ద |
| ఘ | ం | ం | స | న | ి | జ | ా | య | ి | త | ీ | ల | మ |
| ఒ | ర | జ | చ | శ | గ | ర | ఫ | డ | ళ | మ | ల | య | ు |
| ష | ్ | క | ా | ర | ్ | య | క | ్ | ర | మ | ా | ల | ు |
| ఉ | ప | డ | ఱ | గ | ల | త | గ | డ | ఢ | చ | డ | క | ఞ |

సవాళ్లు
పిల్లలు
సంఘం
పరిచయాలు
రద్దు
నిధులు
ఉదాత్తత
ప్రపంచ
లక్ష్యాలు
సమూహాలు
చరిత్ర
నిజాయితీ
మోసము
మిషన్
అవసరం
ప్రజలు
కార్యక్రమాలు
ప్రజా
యువత

# 46 - Gardening

| | | | | | | | | | | | | | |
|---|---|---|---|---|---|---|---|---|---|---|---|---|---|
| క | ం | ప | ో | స | ్ | ట | ్ | ధ | చ | స | ద | చ | ఉ |
| జ | ర | ఖ | ష | అ | వ | ల | జ | అ | ణ | ఠ | ల | గ | ణ |
| ా | ం | ల | ్ | క | న | ి | ట | ా | ొ | బ | ప | ూ | ల |
| డ | య | స | వ | శ | త | వ | త | ప | ం | డ | ్ | ల | మ |
| ీ | త | ి | న | ద | గ | ి | న | ్ | భ | ద | ల | వ | బ |
| గ | న | ి | ఒ | ే | స | భ | య | ఫ | త | స | చ | జ | క |
| ొ | ీ | వ | త | య | శ | ీ | ఈ | ఒ | వ | న | ప | ఢ | ి |
| ట | ర | ట | ి | ్ | ట | మ | జ | య | గ | ఒ | ా | శ | ర |
| ్ | ు | ల | శ | న | ు | క | ఆ | న | ఒ | ఉ | బ | ల | ి |
| ట | ప | ర | హ | అ | బ | గ | త | ధ | ల | ప | ర | వ | ు |
| ం | భ | వ | ణ | ళ | ఠ | వ | ే | ష | ద | ్ | శ | చ | మ |
| ధ | ఇ | ష | త | ధ | ర | ష | మ | జ | ా | త | ు | ల | ు |
| ప | య | ం | ఖ | ఇ | వ | ా | త | ా | వ | ర | ణ | ం | శ |
| ధ | ఢ | ఆ | క | ు | ల | ు | స | భ | స | ఖ | త | భ | య |

బొటానికల్
గుత్తి
వాతావరణం
కంపోస్ట్
జాడీ
ముదిరికి
తినదగిన
అన్యదేశ
పూల
ఆకులు
గొట్టం
ఆకు
తేమ
పండ్లు
సీజనల్
విత్తనాలు
మట్టి
జాతులు
నీరు

# 47 - Herbalism

| | | | | | | | | | | | | | |
|---|---|---|---|---|---|---|---|---|---|---|---|---|---|
| ఈ | క | చ | జ | ప | స | ప | ఆ | క | ు | ప | చ | ె | చ |
| ఫ | క | ఉ | ఢ | ధ | గ | ం | ు | స | ి | ల | ు | త | ప |
| ర | ో | జ | ె | మ | ే | ర | ీ | ద | త | ధ | ఫ | ఇ | ె |
| జ | వ | భ | వ | మ | వ | ర | ఉ | మ | ీ | వ | స | ధ | ర |
| ద | ి | న | ు | స | ు | ం | త | ౌ | డ | న | ఖ | స | య |
| ఆ | ఢ | శ | వ | మ | త | జ | స | క | వ | త | ా | ర | ో |
| ర | య | హ | ె | భ | ధ | ో | వ | ె | శ | క | ఇ | ె | జ |
| గ | అ | ం | ు | ర | హ | ర | ట | క | చ | ం | బ | వ | న |
| ా | హ | భ | ప | బ | ర | ె | డ | వ | ూ | ం | ా | ల | క |
| న | ఇ | య | హ | ఫ | జ | ా | ల | ళ | య | ఠ | ఇ | ే | ర |
| ె | త | ప | శ | చ | ఒ | మ | క | ు | ం | ు | క | ె | మ |
| ప | ా | ర | ె | స | ె | ల | ీ | ా | జ | స | బ | ఫ | ౄ |
| ఒ | ర | ే | గ | ా | న | ో | శ | ణ | ప | వ | జ | హ | న |
| ఉ | ం | ఫ | శ | వ | ూ | ల | ె | ల | ు | ల | ె | ల | ి |

సుగంధ
తులసి
ప్రయోజనకరమైన
పాక
ఫ్లేవర్
పువ్వు
తోట
వెల్లుల్లి
ఆకుపచ్చ
దినుసు
లావెండర్
మార్జోరం
పుదీనా
ఒరేగానో
పార్స్లీ
మొక్క
రోజ్మేరి
కుంకుమ
ఆరగాన్

# 48 - Vehicles

| | | | | | | | | | | | | | |
|---|---|---|---|---|---|---|---|---|---|---|---|---|---|
| ం | త | మ | త | ఫ | వ | ఈ | త | ధ | క | శ | ధ | ం | స |
| బ | ర | ో | ద | జ | వ | ధ | ె | డ | బ | ా | య | డ | ై |
| స | ా | ట | ద | శ | జ | ే | ప | ం | ర | హ | ర | హ | క |
| ్ | క | ర | ీ | ా | ల | ఈ | ్ | భ | గ | ె | ్ | ు | ి |
| ధ | ె | ్ | ప | స | ఈ | స | ప | బ | ద | ల | ట | థ | ల |
| ఒ | ట | ష | ధ | ం | క | భ | డ | ణ | స | ి | క | త | ్ |
| న | ్ | జ | ి | ం | ఇ | ఠ | భ | స | ీ | క | ్ | ా | ట |
| ఖ | చ | ష | శ | య | య | చ | న | ్ | వ | ా | ర | ా | క |
| బ | థ | త | చ | వ | ి | మ | ా | న | ం | ప | ా | ప | ఒ |
| స | ్ | క | ూ | ట | ర | ్ | ఉ | బ | డ | ్ | ్ | డ | ష |
| ర | హ | ద | ా | ర | ి | ప | డ | వ | ం | ట | ట | వ | వ |
| ళ | గ | భ | ఞ | ఠ | ఒ | మ | ఒ | ల | ు | ర | ్ | ై | ట |
| అ | ం | బ | ు | ల | ె | న | ్ | స | ్ | ్ | స | డ | ధ |
| ష | ఖ | జ | ల | ా | ం | త | ర | ్ | గ | ా | మ | ి | శ |

విమానం
అంబులెన్స్
సైకిల్
పడవ
బస్
కారు
కారవాన్
ఇంజిన్
రహదారి పడవ
హెలికాప్టర్
మోటర్
తెప్ప
రాకెట్
స్కూటర్
జలాంతర్గామి
సబ్వే
టాక్సీ
టైరు
ట్రాక్టర్
లారీ

# 49 - Health and Wellness #1

| | | | | | | | | | | | | | |
|---|---|---|---|---|---|---|---|---|---|---|---|---|---|
| బ | ా | క | ్ | ట | ీ | ర | ి | య | ా | గ | ం | న | ఔ |
| ఢ | క | ర | ి | ఫ | ్ | ల | ె | క | ్ | స | ్ | ర | ష |
| వ | ్ | ఆ | క | ల | ి | భ | ం | గ | ి | మ | గ | మ | ధ |
| ె | ల | ు | న | ్ | మ | ో | ర | ్ | ా | హ | ా | ు | శ |
| ై | ి | ు | ల | అ | ష | ఢ | ష | హ | వ | ఎ | య | ల | ా |
| ద | న | ఉ | ు | గ | ల | ఫ | ఇ | ప | ై | మ | ం | ు | ల |
| ్ | ి | ప | గ | గ | చ | వ | ఈ | ఇ | ర | ు | ఇ | ధ | వ |
| య | క | స | ల | భ | ప | ి | ా | ద | స | క | మ | వ | అ |
| ు | ్ | ఒ | ల | ఒ | ఠ | ఇ | క | ట | ్ | ల | స | ఢ | ప |
| డ | క | ం | డ | ర | ా | ల | ు | ి | ు | ు | హ | అ | మ |
| ు | జ | ధ | ఇ | ష | వ | వ | ణ | ఠ | త | ు | ్ | త | ఎ |
| ం | భ | ష | ర | ఈ | జ | ప | డ | మ | ం | ్ | ర | చ | ఉ |
| ఉ | స | ఔ | ఖ | మ | అ | స | ఒ | జ | డ | య | స | క | ఠ |
| త | ఒ | వ | క | ్ | ర | ి | య | ా | శ | ీ | ల | ఇ | భ |

క్రియాశీల
బాక్టీరియా
ఎముకలు
క్లినిక్
వైద్యుడు
పగులు
అలవాటు
ఎత్తు
హార్మోన్లు
ఆకలి
గాయం
ఔషధం
కండరాలు
నరములు
ఔషధశాల
భంగిమ
రిఫ్లెక్స్
చర్మం
చికిత్స
వైరస్

# 50 - Town

| | | | | | | | | | | | | | |
|---|---|---|---|---|---|---|---|---|---|---|---|---|---|
| ప | స | వ | ద | శ | ఫ | హ | ో | ట | ల | ్ | ఢ | ప | స |
| వ | ా | మ | జ | స | ్ | ట | ే | డ | ి | య | ం | ా | ్ |
| ి | ఔ | ఠ | ా | శ | ే | డ | స | స | వ | జ | డ | ల | ట |
| మ | ష | గ | శ | అ | క | స | ం | త | ఠ | క | జ | వ | ో |
| ా | ధ | ఒ | ్ | ా | బ | ే | క | ర | ీ | ్ | ఛ | ర | ర |
| న | శ | మ | ఠ | య | ల | ణ | గ | గ | గ | ల | భ | ్ | ్ |
| ా | ా | మ | చ | ఛ | ా | ణ | స | వ | ష | ి | బ | త | స |
| శ | ల | చ | ్ | అ | శ | ల | ఖ | హ | స | న | ్ | క | ి |
| ్ | య | ఒ | ఛ | య | ఉ | చ | ర | అ | ూ | ి | య | ు | న |
| ర | ఒ | ఈ | భ | ల | ా | జ | ఢ | ీ | ల | క | ా | డ | ి |
| య | ధ | డ | ష | క | ల | జ | ద | బ | ా | ్ | ం | ు | మ |
| ం | ర | ల | వ | ఢ | స | బ | ి | క | న | ష | క | ధ | ా |
| థ | ి | య | ే | ట | ర | ్ | ఒ | య | ్ | ఛ | ు | ర | శ |
| గ | ్ | ర | ం | ధ | ా | ల | య | ం | ం | ణ | ఫ | డ | ఞ |

విమానాశ్రయం
బేకరీ
బ్యాంకు
కేఫ్
సినిమా
క్లినిక్
పూల వర్తకుడు
గ్యాలరీ
హొటల్
గ్రంధాలయం
సంత
మ్యూజియం
ఔషధశాల
సెలూన్
పాఠశాల
స్టేడియం
స్టోర్
థియేటర్
జూ

# 51 - Antarctica

| | | | | | | | | | | | | | |
|---|---|---|---|---|---|---|---|---|---|---|---|---|---|
| జ | ద | ఠ | ణ | ప | ర | ి | శ | ో | ధ | క | ు | డ | ు |
| న | ద | ్ | వ | ీ | ప | క | ల | ్ | ప | ం | ఠ | క | ఒ |
| ం | ీ | ఞ | ఫ | భ | ల | శ | భ | బ | అ | ఉ | ల | ో | య |
| ఉ | స | ర | గ | క | ు | వ | డ | శ | ల | ం | హ | వ | మ |
| బ | ప | ణ | ు | జ | ప | డ | ష | స | ష | స | బ | ్ | ే |
| ే | య | హ | ి | మ | ా | న | ీ | న | ద | ా | ల | ు | ఘ |
| ప | ర | ్ | య | ా | వ | ర | ణ | ం | చ | గ | య | వ | ా |
| ర | ీ | భ | ర | ర | ీ | ఈ | ప | అ | ఢ | ష | ా | భ | ల |
| ా | త | త | ర | గ | ్ | ణ | ో | ్ | ష | ఉ | త | ఈ | ు |
| క | ్ | త | ఉ | ప | ద | డ | ల | ు | ష | ు | ్ | క | ప |
| ీ | స | డ | ప | ర | ి | ర | క | ్ | ష | ణ | ర | ం | ల |
| ద | ్ | మ | ం | చ | ు | భ | ౌ | గ | ో | ళ | ి | క | ం |
| ధ | ా | గ | గ | ం | స | ్ | థ | ల | ా | క | ృ | త | ి |
| ఒ | శ | హ | బ | ద | ఖ | బ | ల | శ | హ | డ | బ | ప | వ |

బే
పక్షులు
మేఘాలు
పరిరక్షణ
ఖండం
కోవ్
పర్యావరణం
యాత్ర
భౌగోళికం
హిమానీనదాలు
మంచు
ద్వీపాలు
వలస
ద్వీపకల్పం
పరిశోధకుడు
రాక్షీ
శాస్త్రీయ
ఉష్ణోగ్రత
స్థలాకృతి
నీరు

# 52 - Fashion

| | | | | | | | | | | | | | |
|---|---|---|---|---|---|---|---|---|---|---|---|---|---|
| ద | ల | ళ | ఇ | ఇ | ఈ | ఒ | స | ష | ఒ | క | న | ం | ఎ |
| జ | ు | న | ే | త | త | భ | శ | ర | అ | ొ | మ | ఒ | ం |
| జ | ్ | స | జ | ఖ | ర | ీ | ద | ై | న | ల | ూ | బ | బ |
| ం | న | ్ | ్ | ం | అ | భ | అ | గ | ై | త | న | డ | ్ |
| చ | ట | ే | ఫ | త | గ | ప | ష | శ | మ | ల | ా | జ | ర |
| భ | బ | ల | ఖ | ఇ | ు | బ | శ | ై | స | ు | ప | డ | ా |
| అ | స | ల | ు | ఫ | ఠ | ల | ఢ | ల | ర | ఈ | ష | బ | య |
| న | య | ఢ | బ | ఠ | అ | ల | ు | ి | స | ఫ | స | ో | ి |
| స | ౌ | క | ర | ్ | య | వ | ం | త | మ | ై | న | ట | డ |
| ై | ధ | న | క | మ | త | ్ | ా | ణ | ర | చ | ఆ | ి | ర |
| గ | ర | ి | ట | ి | ప | ా | ద | ి | ద | ్ | ొ | క | ీ |
| ొ | వ | ు | గ | ఫ | ఠ | ద | అ | ర | ల | య | మ | ్ | ధ |
| స | బ | ధ | త | ధ | ఇ | ం | య | ో | చ | స | మ | న | ర |
| వ | వ | ఆ | ఇ | చ | జ | వ | మ | ధ | చ | ల | ధ | చ | గ |

సరసమైన
బోటిక్
బటన్లు
దుస్తులు
సౌకర్యవంతమైన
సొగసైన
ఎంబ్రాయిడరీ
ఖరీదైన
లేస్
కొలతలు
కొద్దిపాటి
ఆధునిక
నమ్రత
అసలు
నమూనా
ఆచరణాత్మక
శైలి
నేత
ధోరణి

# 53 - Human Body

| | | | | | | | | | | | | | |
|---|---|---|---|---|---|---|---|---|---|---|---|---|---|
| ఠ | క | అ | ఖ | శ | ద | స | ం | ఖ | ర | ణ | ఇ | వ | చ |
| ద | హా | మ | ఒ | ల | వ | ి | ా | చ | ధ | డ | జ | శ | ర |
| ఠ | గ | జ | మ | ఢ | డ | ు | ద | ా | మ | త | ఉ | అ | ె |
| క | మ | అ | న | ఒ | ధ | ఫ | గ | డ | ో | ఫ | బ | గ | మ |
| భ | ఢ | అ | ో | జ | ధ | ప | ద | ఇ | చ | బ | హా | జ | ం |
| మ | ు | ళ | ర | చ | మ | ద | ష | ఠ | ే | ఇ | ఉ | ఇ | ఈ |
| భ | ు | జ | ు | ం | ా | మ | ర | ప | త | ర | జ | ఠ | ద |
| ఖ | స | ఖ | ం | చ | డ | య | ో | య | ి | య | ె | ా | చ |
| డ | గ | స | ం | ీ | ల | ద | త | క | గ | ు | ం | డ | ా |
| య | హా | స | ఈ | ల | త | ఢ | ఈ | ఠ | ా | ఢ | డ | ం | ప |
| ం | బ | ఫ | ఫ | మ | ర | క | ె | త | ం | ల | ల | ె | ఫ |
| డ | ళ | చ | ఫ | ం | ఎ | మ | ు | క | ల | ు | ు | డ | ం |
| గ | డ | ష | ఖ | డ | క | ఫ | అ | ష | ర | ా | ే | గ | జ |
| మ | ు | క | ె | క | ు | ణ | ఫ | ధ | ల | క | వ | ం | ఠ |

చిలమండ
రక్తం
ఎముకలు
మెదడు
గడ్డం
చెవి
మోచేతి
ముఖం
వేలు
చెయ్యి
తల
గుండె
దవడ
మోకాలు
కాలు
నోరు
మెడ
ముక్కు
భుజం
చర్మం

# 54 - Musical Instruments

| | | | | | | | | | | | | | |
|---|---|---|---|---|---|---|---|---|---|---|---|---|---|
| బ | క | ల | జ | ే | గ | ం | ట | వ | గ | ప | స | ం | ఉ |
| ణ | ా | ల | జ | స | బ | ఈ | ్ | ఞ | ే | ఉ | చ | డ | ఫ |
| ష | న | ం | ఊ | ద | ే | స | న | మ | క | ణ | ఢ | ణ | య |
| ల | ి | బ | జ | డ | మ | ె | ె | ఒ | ణ | ధ | ు | ణ | ఝ |
| ఉ | మ | ా | ట | ో | ా | ల | ర | డ | ్ | ర | ం | వ | చ |
| ట | ో | ం | ్ | వ | ం | ్ | ి | చ | గ | ఝ | ఢ | క | ు |
| ్ | ర | ా | ర | య | డ | ల | ల | ప | ి | య | ా | న | ో |
| ర | ్ | త | ం | ో | ో | ో | ా | స | ్ | ో | ట | ఆ | అ |
| ో | ా | ం | ప | ల | ల | ద | ్ | ఈ | ష | ర | చ | ఢ | ం |
| ం | హ | ణ | ె | ి | ి | క | క | ా | ా | బ | ్ | ద | మ |
| బ | స | ఝ | ట | న | న | త | ద | స | చ | ప | ఫ | ా | చ |
| ో | ం | ష | ్ | ్ | ్ | త | మ | ఞ | శ | ష | ఝ | చ | హ |
| న | ఒ | య | ఒ | డ | ధ | హ | ఈ | హ | శ | చ | స | హ | ధ |
| ్ | చ | మ | ళ | ఠ | ఞ | ఈ | గ | ి | ట | ా | ర | ్ | ల |

బాంజో
ఊద్దే
సెల్లో
క్లారినెట్
డ్రం
వేణువు
జేగంట
గిటార్
హార్మోనికా
హార్ప్
మాండోలిన్
బాకా
పియానో
ఆటోస్
తాంబూలం
ట్రోంబోన్
ట్రంపెట్
వయోలిన్

# 55 - Fruit

| | | | | | | | | | | | | | |
|---|---|---|---|---|---|---|---|---|---|---|---|---|---|
| క | ొ | బ | ్ | బ | ర | ి | య | ఆ | అ | త | ్ | త | ి |
| వ | ఇ | త | జ | డ | అ | శ | స | ఫ | ప | డ | ు | ం | ప |
| ధ | డ | ో | క | ా | ో | వ | అ | జ | చ | ి | భ | ష | ీ |
| వ | ా | ఉ | త | ం | మ | జ | ఖ | బ | ె | మ | ల | క | చ |
| అ | ఇ | న | ధ | స | క | య | మ | ర | ర | ి | న | ్ | ు |
| ర | ణ | య | ్ | న | ి | మ | ్ | మ | ్ | ా | ే | ర | ఆ |
| ట | ఫ | వ | వ | య | హ | శ | అ | బ | ర | మ | ర | ా | ర |
| ి | వ | ి | ి | క | మ | మ | న | ొ | ీ | క | ే | ్ | ె |
| బ | ఉ | వ | భ | ా | మ | ు | ా | ప | ప | య | డ | ద | ం |
| ె | భ | ద | ఠ | చ | ఒ | ఱ | స | ్ | చ | ఒ | ు | ఠ | జ |
| ర | ష | ఫ | ల | చ | ఠ | డ | ప | ప | ఢ | త | ప | ర | ్ |
| ్ | ల | చ | మ | ్ | ధ | వ | ం | ా | ద | ధ | ం | చ | స |
| ర | ర | ఫ | ఒ | ు | హ | ఠ | డ | య | ధ | ఱ | డ | ష | ం |
| ీ | ఇ | ఱ | జ | ప | త | ఠ | ు | ి | త | చ | ు | ద | ం |

ఆపిల్
నేరేడు పండు
అవోకాడో
అరటి
బెర్రీ
చెర్రీ
కొబ్బరి
అత్తి
ద్రాక్ష
జామ
కివి
నిమ్మ
మామిడి
పుచ్చకాయ
పండు
ఆరెంజ్
బొప్పాయి
పీచు
ధాన్యము
అనాస పండు

# 56 - Engineering

| | | | | | | | | | | | | | |
|---|---|---|---|---|---|---|---|---|---|---|---|---|---|
| స | చ | బ | ఫ | బ | త | ల | ొ | క | వ | డ | ప | ర | వ |
| మ | ్ | మ | గ | ల | ు | స | శ | చ | ద | య | ్ | ీ | ్ |
| డ | ో | థ | ణ | మ | ో | ఝ | ఒ | ఝ | ఠ | య | ర | ఖ | య |
| ే | మ | ట | ి | ు | ల | ళ | ష | ష | ల | ం | ొ | ా | ా |
| జ | అ | ఈ | ర | ర | ు | స | ఢ | ఝ | శ | త | ప | చ | స |
| ి | ల | అ | భ | ్ | త | ి | ్ | క | శ | ్ | ల | ి | ం |
| ల | డ | క | క | క | ల | ్ | ప | ల | వ | ర | ్ | త | ష |
| ్ | ళ | ్ | ణ | ఈ | ొ | ఒ | వ | ం | ఈ | ం | ష | ్ | చ |
| గ | ఈ | ష | క | హ | క | ద | హ | ం | ప | త | న | ర | గ |
| త | ల | ం | ఇ | ం | జ | ి | న | ్ | య | ి | ్ | ం | ీ |
| ధ | ల | ి | క | ్ | వ | ి | డ | ్ | ఠ | న | ణ | గ | ర |
| భ | ఠ | మ | ళ | త | జ | ఫ | వ | చ | ం | డ | ం | ే | ్ |
| జ | య | న | ి | ర | ్ | మ | ా | ణ | ం | హ | ో | బ | ల |
| ళ | డ | ఒ | ఠ | ధ | ఈ | డ | మ | చ | బ | భ | క | అ | ు |

కోణం
అక్షం
గణన
నిర్మాణం
లోతు
రేఖాచిత్రం
వ్యాసం
డీజిల్
కొలతలు
పంపిణీ

శక్తి
ఇంజిన్
గేర్లు
లిక్విడ్
యంత్రం
కొలత
మోటర్
ప్రొపల్షన్
స్థిరత్వం
బలము

# 57 - Kitchen

| | | | | | | | | | | | | | |
|---|---|---|---|---|---|---|---|---|---|---|---|---|---|
| డ | ఞ | ఖ | అ | ఠ | క | ి | న | ి | డ | ా | న | ి | త |
| అ | డ | ఈ | గ | య | ఠ | జ | చ | ప | గ | వ | మ | ప | చ |
| వ | ప | ద | స | బ | త | ద | ూ | స | ళ | స | ఞ | క | ళ |
| ప | జ | ్ | ప | ా | ం | ్ | స | క | య | ఉ | ల | ె | స |
| ఈ | ల | హా | ర | ం | ా | హా | ఆ | అ | ఞ | ఉ | ు | ట | డ |
| త | ళ | ం | ్ | ా | ఉ | డ | డ | ం | ఞ | ప | త | ి | క |
| ప | మ | హా | జ | క | న | ర | ు | మ | ా | ల | ు | ల | బ |
| ఖ | ఫ | ట | ర | ప | ె | ్ | ప | జ | ణ | ్ | ్ | ్ | ఉ |
| జ | డ | ె | ీ | ్ | న | అ | ర | ొ | ఖ | ర | త | య | జ |
| బ | ా | ి | ్ | ప | ్ | ఫ | అ | య | య | ి | క | చ | ఒ |
| ఒ | ద | ర | ఫ | ు | ి | జ | య | ఉ | క | ్ | ల | బ | శ |
| స | ఫ | గ | ్ | ల | గ | గ | క | త | ల | గ | య | ణ | ఉ |
| ద | ద | ఒ | ల | ు | న | ్ | ప | ూ | ్ | స | గ | ి | ఒ |
| ర | ి | ఫ | ్ | ర | ి | జ | ి | ర | ే | ట | ర | ్ | ఖ |

అప్రాన్
గిన్నె
కప్పులు
ఆహారం
ఫ్రీజర్
గ్రిల్
జార్
జగ్
కెటిల్
కత్తులు
గరిటె
రుమాలు
పొయ్యి
సూచన
రిఫ్రిజిరేటర్
స్పాంజ్
స్పూన్లు
తినడానికి

# 58 - Government

| | | | | | | | | | | | | | |
|---|---|---|---|---|---|---|---|---|---|---|---|---|---|
| ర | చ | ఠ | డ | ఠ | త | ఖ | మ | క | ప | ర | ర | అ | న |
| చ | ా | భ | ఫ | జ | ి | ల | ె | ల | ా | య | ఈ | ద | ి |
| క | ట | జ | య | త | ణ | ల | త | ల | డ | ఈ | బ | త | ర |
| మ | ష | ె | క | ప | ె | ర | స | ం | గ | ం | ద | ర | ె |
| ఢ | ర | ఈ | ట | ీ | ర | ా | ష | ె | ట | ె | ర | ం | మ |
| స | ద | శ | త | ం | య | య | ా | ె | న | ఖ | ఞ | న | ల |
| ప | య | జ | గ | ం | య | ా | ం | జ | ె | ా | ర | ె | మ |
| స | ె | వ | ే | చ | ె | ఛ | ల | ష | త | ష | ళ | య | ై |
| బ | చ | శ | చ | ర | ర | జ | డ | ు | క | ు | య | ా | న |
| స | ె | వ | ా | త | ం | త | ె | ర | ె | య | ం | య | ద |
| క | ర | స | మ | ా | న | త | ె | వ | ం | ఠ | ప | ం | ే |
| స | చ | చ | ి | హ | ె | న | ం | గ | బ | మ | ం | చ | శ |
| స | ె | మ | ా | ర | క | చ | ి | హ | ె | న | ం | య | ం |
| ప | ౌ | ర | స | త | ె | వ | ం | స | ి | వ | ి | ల | ె |

పౌరసత్వం
సివిల్
రాజ్యాంగం
చర్చ
జిల్లా
సమానత్వం
స్వాతంత్ర్యం
న్యాయ
న్యాయం
చట్టం
నాయకుడు
స్వేచ్ఛ
స్మారక చిహ్నం
దేశం
నిర్మలమైన
రాజకీయాలు
ప్రసంగం
రాష్ట్రం
చిహ్నం

# 59 - Art Supplies

| | | | | | | | | | | | | | |
|---|---|---|---|---|---|---|---|---|---|---|---|---|---|
| ప | స | క | ఆ | ఢ | ళ | ప | ఞ | ఙ | బ | ప | క | ప | బ |
| ్ | ృ | ె | శ | ల | ద | ష | శ | వ | ొ | ట | ు | గ | ె |
| న | జ | ల | ర | క | ో | ఈ | చ | ఉ | గ | ె | ర | శ | ర |
| ె | న | ి | ు | ా | ఉ | చ | ఉ | భ | ె | ట | ె | ఠ | ష |
| స | ా | ర | ు | గ | ర | ధ | న | ఉ | గ | ి | చ | బ | ె |
| ి | త | ి | మ | ి | ు | ం | హ | ల | ు | క | ీ | చ | |
| ల | ె | క | చ | త | ీ | ం | య | డ | ు | ఫ | త | త | ల |
| ె | మ | ె | ఠ | ం | న | య | ర | బ | ె | బ | ర | ు | ు |
| స | క | ా | త | శ | బ | ం | క | మ | ట | ె | ట | ి | ఒ |
| ె | త | య | అ | భ | ఉ | శ | స | ం | చ | ఠ | అ | ం | స |
| అ | భ | వ | ర | య | ఢ | క | మ | అ | బ | య | ఢ | వ | ఈ |
| చ | ష | క | ్ | మ | ్ | ర | ా | ఇ | ం | క | ు | ల | ప |
| ఏ | ట | వ | ా | ల | ు | బ | ల | ె | ల | క | అ | చ | ర |
| వ | గ | ర | త | గ | ఞ | ర | డ | ఉ | ప | మ | ఞ | ఫ | వ |

యాక్రిలిక్
బ్రష్‌లు
కెమెరా
కుర్చీ
బొగ్గు
బంకమట్టి
రంగులు
సృజనాత్మకత
ఏటవాలు బల్ల
రబ్బరు
బంక
ఆలోచనలు
ఇంకు
చమురు
కాగితం
పెన్సిల్స్
పట్టిక
నీరు

# 60 - Science Fiction

| | | | | | | | | | | | | | |
|---|---|---|---|---|---|---|---|---|---|---|---|---|---|
| ఒ | డ | ి | స | ె | ట | ో | ప | ి | య | ా | య | ఠ | ష |
| ఠ | ర | అ | ద | ె | భ | ు | త | మ | ై | న | ద | ల | స |
| బ | మ | ా | భ | ె | ర | ా | ం | త | ి | ల | ణ | డ | ధ |
| ఠ | స | ీ | క | ె | ల | ా | ూ | గ | ష | స | ర | ు | ల |
| ళ | ణ | మ | మ | ి | స | ర | ో | బ | ో | ట | ె | ల | ు |
| ఞ | ఢ | ర | త | ఒ | ల | ి | స | హ | ధ | మ | అ | ు | క |
| ఞ | త | ళ | ె | ఒ | ళ | ె | న | జ | ర | ళ | గ | ే | ా |
| ద | ణ | ు | ా | మ | ర | ప | డ | ి | ఢ | అ | ె | ప | త |
| ద | ా | య | హ | ం | ర | ె | గ | ం | మ | ప | న | ఉ | స |
| వ | ర | ర | ఊ | ఈ | ఫ | య | బ | ఉ | శ | ా | ి | చ | ె |
| ణ | ధ | ధ | మ | భ | వ | ి | ష | ె | య | త | ె | ర | ు |
| ణ | గ | మ | ఖ | ూ | మ | ర | ె | మ | మ | ై | న | గ | ప |
| మ | వ | బ | డ | గ | ్న | ర | స | ా | య | న | ా | ల | ు |
| త | జ | ణ | ధ | గ | గ | న | ప | ె | ర | ప | ం | చ | ం |

పరమాణు
పుస్తకాలు
రసాయనాలు
సినిమా
దూరమైన
డిస్టోపియా
పేలుడు
అద్భుతమైన
అగ్ని
భవిష్యత్
గెలాక్సీ
భ్రాంతి
ఊహాత్మక
మర్మమైన
ఒరాకిల్
గ్రహం
రోబోట్లు
ప్రపంచం

# 61 - Geometry

| | | | | | | | | | | | | | |
|---|---|---|---|---|---|---|---|---|---|---|---|---|---|
| ఠ | ప | ధ | బ | ల | బ | స | ఖ | ప | స | ఫ | స | స | ం |
| బ | అ | య | చ | ు | ఉ | గ | జ | ప | మ | ళ | మ | మ | డ |
| వ | ృ | త | ్ | త | ం | ట | ం | డ | ర | ధ | ా | ీ | జ |
| న | ణ | గ | ఢ | ల | మ | ు | భ | శ | ూ | ర | ం | క | హ |
| స | ి | ఢ | ఇ | ొ | చ | ణ | ు | ష | ప | బ | త | ర | ఎ |
| ం | ి | ష | ఫ | క | ం | ్ | ర | త | త | ఉ | ర | ణ | త |
| య | న | ద | ్ | ద | ఠ | ఒ | ి | ప | శ | ప | ణ | ం | ్ |
| ా | ి | శ | ్ | ప | డ | య | ్ | ఈ | ధ | ర | ధ | శ | త |
| ్ | ల | భ | చ | ధ | త | ఖ | త | అ | య | ి | క | భ | ు |
| వ | ు | ం | మ | మ | ా | ్ | మ | క | ణ | త | ో | మ | వ |
| ఈ | వ | ణ | ష | ణ | చ | ం | త | ా | జ | ల | ణ | ద | ఈ |
| క | ు | వ | ం | ప | ు | స | త | ి | స | ం | ం | ష | ళ |
| ష | క | క | ఒ | భ | ధ | ప | ఒ | ం | ఫ | ్ | డ | ఇ | ల |
| స | ె | గ | ్ | మ | ె | ం | ట | ్ | ద | జ | ం | ర | భ |

కోణం
గణన
వృత్తం
వంపు
వ్యాసం
కొలతలు
సమీకరణం
ఎత్తు
తర్కం
మాస్
సగటు
సంఖ్య
సమాంతర
నిష్పత్తి
సెగ్మెంట్
ఉపరితలం
సమరూపత
సిద్ధాంతం
త్రిభుజం
నిలువు

# 62 - Airplanes

| | | | | | | | | | | | | | |
|---|---|---|---|---|---|---|---|---|---|---|---|---|---|
| ష | ఈ | త | ధ | ద | ి | శ | చ | క | శ | అ | భ | స | ప |
| అ | ల | ె | ల | క | ల | ె | ల | ో | ల | ం | బ | ా | ె |
| ఢ | ఖ | డ | ప | స | ల | శ | ఒ | హా | అ | ఠ | ొ | హా | ర |
| ఫ | జ | మ | య | ఞ | ి | భ | ష | క | చ | ధ | ల | స | య |
| ఢ | ఞ | క | ష | ణ | ా | బ | త | ఖ | ఉ | ష | రా | ం | ా |
| ర | క | స | క | ఈ | గ | బ | ె | ష | స | హా | న | న | ణ |
| వ | ా | త | ా | వ | ర | ణ | ం | బ | శ | త | ె | ి | ీ |
| త | ు | ె | త | ఎ | చ | ఉ | ఢ | శ | ం | బ | గ | ర | క |
| ి | ఇ | ే | చ | ర | మ | ర | మ | ణ | ా | ద | అ | ె | ు |
| త | ం | జ | ర | చ | ఫ | ఞ | ి | ర | క | భ | ి | మ | ఢ |
| ం | జ | ం | ద | భ | య | ఉ | ఢ | త | ఆ | గ | వ | ా | ు |
| స | ి | ఠ | య | జ | ద | జ | శ | బ | ె | ఉ | భ | ణ | ం |
| భ | న | ె | జ | ర | ో | డ | ె | ై | హా | ర | శ | ం | వ |
| ఉ | ె | ర | రా | ప | క | ల | ె | ప | న | ం | ధ | ం | ఇ |

సాహసం
గాలి
వాతావరణం
బెలూన్
నిర్మాణం
సిబ్బంది
సంతతి
రూపకల్పన
దిశ
ఇంజిన్
ఇంధనం
ఎత్తు
చరిత్ర
హైడ్రోజన్
రేవు
ప్రయాణీకుడు
ఆకాశం
అల్లకల్లోలం

# 63 - Ocean

| | | | | | | | | | | | | | |
|---|---|---|---|---|---|---|---|---|---|---|---|---|---|
| ర | ె | ట | స | ె | ి | య | ఆ | హ | మ | త | ఠ | ఆ | డ |
| ొ | ం | న | ె | ఫ | ి | ల | ె | ా | డ | ధ | గ | క | ఞ |
| య | ం | ళ | ప | ే | చ | త | ా | బ | ే | ల | ు | ె | ప |
| ె | ర | ప | ా | జ | గ | ఈ | బ | ప | ఞ | ళ | చ | ట | ం |
| య | అ | ల | ం | గ | మ | ి | ం | ి | త | ప | హ | ో | ల |
| ల | భ | స | జ | ద | ఠ | త | మ | ర | ఞ | ఒ | డ | ప | య |
| ు | న | ష | ె | ఫ | ి | ల | ీ | ల | ె | ూ | జ | స | ఖ |
| స | మ | ు | ద | ె | ర | ప | ు | ప | ా | చ | ి | ె | క |
| అ | త | ఞ | ఫ | ర | ీ | ఫ | ె | ట | ె | య | ా | న | ా |
| ల | ు | వ | అ | ా | క | ఢ | ళ | ష | ా | ర | ె | క | ె |
| ల | ప | చ | ే | గ | ు | ు | ల | మ | ఢ | ఠ | డ | ఞ | ద |
| ు | డ | ఖ | క | స | ఠ | త | ష | ఖ | ఫ | య | ఈ | ఢ | ఢ |
| జ | గ | ఆ | ల | ె | గ | ే | ీ | వ | హ | మ | క | ప | బ |
| శ | ప | ు | ె | ప | ఉ | ఠ | ఖ | ప | ల | ధ | బ | అ | అ |

ఆల్గే
ప్రగడపు
పీత
డాల్ఫిన్
మలుగు చేప
చేప
జెల్లీ ఫిష్
ఆక్టోపస్
ఆయిస్టర్
రీఫ్
ఉప్పు
సముద్రపు పాచి
షార్క్
రొయ్యలు
స్పాంజ్
తుఫాను
ట్యూనా
తాబేలు
అలలు
తిమింగలం

# 64 - Birds

| | | | | | | | | | | | | | |
|---|---|---|---|---|---|---|---|---|---|---|---|---|---|
| ట | ౌ | క | ా | న | ్ | జ | ఈ | ఈ | చ | ద | హ | ప | ఠ |
| ఉ | శ | గ | ద | ఒ | స | భ | ష | ఉ | ల | చ | త | ఫ | ఠ |
| ల | క | ద | ద | ఇ | ఉ | య | బ | హ | హ | ర | ం | ఉ | ఠ |
| ష | ర | అ | శ | త | ఠ | భ | ఫ | ం | స | గ | ణ | క | డ |
| ల | డ | ే | గ | స | ్ | వ | ా | న | ్ | ఠ | ఫ | డ | ి |
| క | చ | ు | చ | ్ | ి | ప | హ | ష | ా | గ | ం | ొ | క |
| ి | క | ధ | డ | హ | ం | ప | చ | ె | గ | ల | ఈ | ల | ో |
| ో | ఇ | వ | డ | ్ | త | జ | ి | న | ర | ్ | ల | హ | ప |
| క | భ | అ | ఢ | ష | ు | ఫ | క | ె | ీ | ా | ఇ | ఒ | ు |
| క | ా | క | ి | ఒ | ా | గ | ె | మ | న | చ | న | గ | ప |
| ఇ | ఈ | ఖ | గ | య | బ | డ | న | ల | ా | ి | ఒ | ్ | ్ |
| ర | ా | జ | హ | ం | స | ఢ | ్ | ి | క | ల | ప | ఒ | ి |
| ప | ె | ం | గ | ్ | వ | ి | న | ్ | మ | ు | గ | హ | న |
| ప | ె | ల | ి | క | ా | న | ్ | ప | ఠ | క | ఢ | ఫ | ఈ |

కానరి
చికెన్
కాకి
కోకిల
బాతు
డేగ
గుడ్లు
రాజహంస
గూస్
గల్
హెరాన్
నిప్పుకోడి
చిలుక
నెమలి
పెలికాన్
పెంగ్విన్
పిచ్చుక
కొంగ
స్వాన్
టౌకాన్

# 65 - Nutrition

| | | | | | | | | | | | | | |
|---|---|---|---|---|---|---|---|---|---|---|---|---|---|
| య | చ | ప | ధ | ళ | క | గ | ఇ | ఆ | ద | ప | ఠ | త | జ |
| ట | ఉ | అ | హ | ల | ఠ | చ | ఇ | ద | క | య | ఖ | ి | ీ |
| ఇ | ా | ఆ | హ | ా | ర | ం | ఉ | హ | స | ల | చ | న | ర |
| గ | త | క | ం | ష | ో | ప | వ | ప | శ | ం | ి | ద | ె |
| య | ం | గ | ె | ో | ర | ఆ | ధ | జ | చ | ఢ | ద | గ | ణ |
| డ | ఉ | ఢ | ఈ | స | క | ే | ల | ర | ీ | ల | ు | ి | క |
| బ | ర | ు | వ | ు | ి | బ | ఈ | ె | ద | ు | ే | న | ె |
| న | ా | ణ | ె | య | త | న | స | వ | ె | ట | చ | ం | ర |
| ఎ | ం | ప | ి | క | ల | ు | ె | ల | ర | ె | ఖ | ల | ి |
| ఖ | ద | ఉ | ద | త | బ | చ | ద | ే | వ | ా | ఢ | త | య |
| జ | చ | య | ం | ఢ | స | ళ | భ | ె | ా | వ | ఉ | ు | ఉ |
| బ | మ | ఈ | ఈ | స | ఢ | ా | ద | ఫ | ల | ల | ప | ం | స |
| ఢ | క | ఉ | అ | స | ఒ | గ | స | ళ | ు | అ | బ | స | ం |
| బ | ఇ | భ | జ | మ | ఇ | ష | న | ె | మ | ి | ట | ి | వ |

ఆకలి
సంతులనం
చేదు
కేలరీలు
ఎంపికలు
ఆహారం
జీర్ణక్రియ
తినదగిన
ఫ్లేవర్
అలవాట్లు
ఆరోగ్యం
ద్రవాలు
పోషకం
నాణ్యత
సాస్
టాక్సిన్
విటమిన్
బరువు

# 66 - Professions #1

| | | | | | | | | | | | | | |
|---|---|---|---|---|---|---|---|---|---|---|---|---|---|
| ప | హ | వ | ే | ట | గ | ా | డ | ు | ఈ | ఫ | ఈ | ఖ | క |
| ర | ె | ఫ | ర | ా | గ | ె | ట | ో | ర | ె | ా | క | ఇ |
| న | ఈ | ల | చ | ర | భ | ్రా | గ | ో | ళ | ర | ం | ప | ం |
| స | ె | గ | ం | ి | ఖ | జ | ఉ | బ | ణ | ళ | ద | య | ఒ |
| ం | వ | య | ఖ | బ | ఉ | ం | చ | ఉ | గ | భ | భ | ష | ఫ |
| గ | ూ | జ | ా | ా | ర | ె | క | య | ా | ం | ె | బ | స |
| ీ | ్య | జ | ఫ | య | ర | ె | ట | ి | డ | ఎ | స | ఉ | ణ |
| త | ద | ఫ | బ | ా | వ | న | ా | వ | ి | క | ు | డ | ు |
| క | ె | ణ | ఉ | ర | ష | ా | ఉ | క | ి | త | ె | ర | న |
| ా | య | బ | గ | ఖ | భ | ష | ద | జ | ీ | ె | ర | ద | క |
| ర | ు | శ | ళ | మ | జ | ష | భ | ి | వ | భ | న | ఉ | మ |
| ు | డ | గ | ర | ూ | ్య | ల | ు | ప | ూ | ట | ె | ట | ూ |
| డ | ు | జ | ె | య | ు | వ | ూ | ల | ర | ె | ద | ర | ల |
| ు | అ | గ | ె | న | ి | య | ో | ధ | ు | డ | ు | గ | ా |

రాయబారి
న్యాయవాది
బ్యాంకర్
కార్టోగ్రాఫర్
రైలు పెట్టె
నర్తకి
వైద్యుడు
ఎడిటర్
అగ్నియోధుడుగా
భూగోళ
వేటగాడు
జ్యువెలర్
సంగీతకారుడు
నర్సు
ప్లంబర్
నావికుడు
దర్జీ

# 67 - Barbecues

| | | | | | | | | | | | | | |
|---|---|---|---|---|---|---|---|---|---|---|---|---|---|
| ఉ | ఇ | క | అ | ఆ | జ | ధ | చ | ధ | జ | స | క | ద | స |
| ద | ల | చ | ష | ట | స | క | ి | అ | శ | ం | ఢ | ఈ | ా |
| జ | ద | ్ | వ | ల | డ | ఫ | క | ష | ఒ | గ | వ | ధ | స |
| స | ర | ం | ల | ు | ప | ళ | ె | త | మ | ీ | ఒ | ప | ్ |
| ఠ | ్ | ల | త | ి | హా | ర | న | ద | క | త | ష | బ | ఒ |
| ధ | న | న | శ | భ | ప | ం | ్ | ఇ | స | ం | ష | ం | బ |
| ఖ | న | చ | ే | వ | ఖ | ా | ఆ | క | ల | ి | ష | ట | స |
| క | ్ | అ | వ | హా | వ | హా | య | ఉ | ప | ్ | ప | ు | భ |
| వ | ి | స | ే | వ | ి | ఆ | భ | ల | ళ | య | ఇ | ం | డ |
| ప | డ | ం | డ | ఖ | హా | త | ణ | ం | ు | ళ | భ | ు | గ |
| ఫ | ం | ం | ి | వ | బ | ల | ు | త | ు | ్ | త | క | భ |
| శ | ఈ | డ | త | స | ళ | భ | ఢ | ల | ్ | ర | ి | ్ | గ |
| జ | మ | డ | ు | ఉ | శ | ప | గ | ఒ | ు | ళ | ధ | డ | మ |
| స | ల | ా | డ | ్ | స | ్ | ప | ి | ల | ్ | ల | ల | ు |

చికెన్
పిల్లలు
డిన్నర్
కుటుంబం
ఆహారం
స్నేహితులు
పండు
ఆటలు
గ్రిల్
వేడి
ఆకలి
కత్తులు
లంచ్
సంగీతం
ఉల్లిపాయలు
సలాడ్స్
ఉప్పు
సాస్
వేసవి

# 68 - Chocolate

| | | | | | | | | | | | | | |
|---|---|---|---|---|---|---|---|---|---|---|---|---|---|
| స | ు | న | ు | ి | ద | ణ | అ | అ | ఠ | ల | ఈ | శ | ప |
| హా | చ | ణ | వ | ం | ు | ప | న | ా | ణ | ె | య | త | ా |
| చ | డ | బ | ష | ఫ | ే | ల | ఢ | ం | స | ల | ష | అ | క |
| న | స | ా | వ | ె | చ | య | ష | ఠ | త | ు | అ | న | ం |
| మ | త | డ | వ | ల | ృ | ల | ధ | ం | ీ | ర | వ | ె | త |
| ూ | శ | ధ | బ | ే | ఢ | త | చ | ఠ | ప | ీ | ళ | య | ి |
| ై | ల | శ | ఉ | వ | త | య | జ | క | ి | ల | గ | ద | న |
| ట | ఖ | ళ | య | ర | ల | గ | గ | న | ె | ే | న | ే | డ |
| ె | ప | ల | ర | ె | ఒ | మ | వ | ి | హా | క | శ | శ | ా |
| ష | ఫ | ో | ఠ | ఫ | ఫ | క | స | మ | ఈ | ష | ూ | ఖ | న |
| ఇ | డ | ణ | డ | మ | ధ | జ | ర | ె | ధ | ఊ | ర | ర | ి |
| త | ష | క | య | ి | ఠ | ా | ి | మ | క | భ | ు | ధ | క |
| ఉ | క | ో | బ | ె | బ | ర | ి | క | మ | స | ే | ల | ి |
| ర | ు | చ | ి | ఫ | అ | ఉ | ఠ | ఠ | హా | త | వ | ధ | క |

వాసన
చేదు
కేలరీలు
మిఠాయి
పాకం
కొబ్బరి
తృష్ణ
కమ్మని
అన్యదేశ
ఇష్టమైన
ఫ్లేవర్
దినుసు
వేరుశెనగ
పొడి
నాణ్యత
సూచన
చక్కెర
తీపి
రుచి
తినడానికి

# 69 - Vegetables

| | | | | | | | | | | | | | |
|---|---|---|---|---|---|---|---|---|---|---|---|---|---|
| ప | ా | ర | ్ | స | ్ | ల | ీ | ఆ | క | వ | ణ | వ | ల |
| స | అ | ఫ | ట | అ | ఠ | య | ప | ర | ా | ె | య | ద | ణ |
| వ | ల | ల | క | చ | బ | క | ణ | ్ | ల | ల | క | మ | య |
| డ | ం | ా | ్ | ట | ో | ా | మ | ట | ీ | ్ | ా | ఈ | బ |
| స | ఈ | క | డ | ల | గ | స | హ | ి | ఫ | ల | డ | ఒ | క |
| శ | త | జ | ా | ్ | ం | ో | ణ | చ | ్ | ు | ి | ప | ్ |
| చ | జ | ఉ | ం | య | య | ద | వ | ో | ల | ల | మ | య | య |
| బ | ఈ | ల | బ | మ | ద | డ | త | క | వ | ్ | మ | త | ా |
| చ | స | ్ | ్ | ఒ | శ | గ | స | ్ | ర | ల | ్ | జ | ర |
| ్ | హ | ల | ర | చ | ఈ | త | శ | ళ | ్ | ి | ు | ష | ె |
| చ | ం | ి | ో | ి | మ | ు | ల | ్ | ల | ం | గ | ి | ట |
| ల | క | ప | క | న | ట | ర | ్ | న | ి | ప | ్ | ం | ్ |
| ి | ర | ా | ల | ్ | య | ఞ | స | ఖ | ఠ | స | శ | క | భ |
| ధ | త | య | ీ | న | ళ | ద | ం | ఉ | త | హ | ఉ | ద | త |

ఆర్టిచోక్
బ్రోకలీ
క్యారెట్
కాలీఫ్లవర్
కట్
దోసకాయ
వంకాయ
వెల్లుల్లి
అల్లం
ఉల్లిపాయ

పార్స్లీ
పీ
గుమ్మడికాయ
ముల్లంగి
సలాడ్
చిన్న
బచ్చలి
టమాటో
టర్నిప్

# 70 - The Media

| | | | | | | | | | | | | | |
|---|---|---|---|---|---|---|---|---|---|---|---|---|---|
| వ | క | జ | భ | య | ఆ | న | ె | ల | ్ | న | ె | ఈ | మ |
| ె | మ | ా | ఢ | క | ం | ఫ | ో | ట | ో | ల | ు | ద | ే |
| య | ె | ల | ం | త | మ | ర | శ | ె | ి | ర | ప | భ | ధ |
| క | య | ి | ళ | ఠ | ఠ | ద | ా | అ | ర | ఈ | హ | ఒ | ా |
| ె | ూ | క | చ | డ | బ | క | క | ప | స | గ | ణ | గ | వ |
| త | న | ప | ప | ల | ె | య | ష | ి | ె | ర | మ | క | ి |
| ి | ి | డ | త | హ | చ | ో | ప | అ | థ | ి | ల | ణ | ఎ |
| గ | క | ి | ె | శ | ి | డ | ష | ర | ా | ష | భ | డ | డ |
| త | ే | జ | ర | ణ | త | ి | ఖ | బ | న | న | బ | అ | ి |
| వ | ష | ి | ి | ర | ె | ే | వ | ఒ | ి | ి | ఖ | ఝ | ష |
| అ | న | ట | క | అ | ర | ర | చ | జ | క | ధ | మ | జ | న |
| ఒ | ె | ల | ల | జ | ా | ర | ె | ప | గ | ు | య | భ | ె |
| ఠ | ల | ె | ు | ఊ | ల | ఫ | ఠ | ం | ప | ల | ష | ఊ | చ |
| త | వ | ఖ | త | వ | ు | ు | ద | చ | శ | ు | ర | ఫ | చ |

కమర్షియల్
కమ్యూనికేషన్
డిజిటల్
ఎడిషన్
చదువు
నిధులు
చిత్రాలు
వ్యక్తిగత
పరిశ్రమ
మేధావి
స్థానిక
పత్రికలు
జాలిక
ఆన్లైన్
అభిప్రాయం
ఫోటోలు
ప్రజా
రేడియో

# 71 - Boats

| | | | | | | | | | | | | | |
|---|---|---|---|---|---|---|---|---|---|---|---|---|---|
| బ | న | ో | ా | క | హ | డ | ఫ | ఉ | బ | న | మ | ల | ఇ |
| హ | ో | ద | హ | ఋ | ఫ | ఫ | మ | జ | క | ా | హ | ధ | ం |
| హ | వ | య | ి | ళ | ల | ఒ | అ | డ | య | వ | ా | ఢ | జ |
| చ | డ | శ | ్ | ఖ | ఖ | ద | క | ళ | ఉ | ి | స | స | ి |
| ఖ | ప | ల | డ | ు | ా | త | ధ | ఋ | ఠ | క | మ | మ | న |
| స | ర | స | ్ | స | ు | డ | ా | క | ్ | ు | ు | ు | ్ |
| న | ి | ళ | ్ర | త | ల | స | ర | ఒ | య | డ | ద | ద | ఖ |
| మ | ా | ధ | ట | ఖ | ల | వ | చ | ష | హ | ు | ్ | ్ | స |
| ళ | ద | ట | భ | త | అ | బ | ర | ల | జ | వ | ర | ర | ఫ |
| ఖ | హ | ద | ి | బ | ం | బ | ్ | ి | స | జ | ం | ఒ | హ |
| ర | ర | ప | వ | క | ఉ | భ | క | య | ా | క | ్ | హ | ఫ |
| ప | ు | ల | ్ | ఖ | ల | ప | ం | మ | త | ు | ప | ్ | ప |
| చ | ళ | ప | ష | ఖ | చ | ్ | ా | య | య | ఉ | డ | ఈ | ష |
| ఋ | అ | ల | క | ర | గ | హ | య | ర | మ | ర | ప | ఠ | క |

యాంకర్
బోయ్
కానో
సిబ్బంది
డాక్
ఇంజిన్
రహదారి పడవ
కయాక్
సరస్సు
పుల్
నాటికల్
మహాసముద్రం
తెప్ప
నది
తాడు
నావికుడు
సముద్ర
టైడ్
అలలు
యాచ్

# 72 - Activities and Leisure

| | | | | | | | | | | | | | |
|---|---|---|---|---|---|---|---|---|---|---|---|---|---|
| ణ | య | హ | ప | ఠ | మ | బ | ఫ | ి | ష | ి | ం | గ | ్ |
| ఈ | భ | య | ధ | డ | ఒ | హ | ే | చ | ధ | ర | ఇ | అ | ఈ |
| ట | ు | న | ్ | న | ి | స | ్ | స | గ | ఉ | ధ | వ | ధ |
| గ | ్ | స | ి | ం | క | ్ | ా | బ | ్ | ఇ | ల | త | ప |
| త | ి | ర | ా | ం | శ | ్ | ి | వ | క | బ | ఒ | ఇ | గ |
| ల | య | ద | ళ | క | క | ణ | వ | ఖ | ి | ఖ | ా | ఒ | క |
| ళ | వ | ఇ | ఈ | త | ర | గ | ఫ | ష | ం | డ | ప | ల | జ |
| ధ | ఇ | ప | ఫ | ఖ | త | ్ | స | చ | ై | ల | ్ | గ | ్ |
| హ | క | ప | చ | ఖ | ఖ | ో | ఇ | ఈ | హ | ప | ర | హ | ప |
| మ | ప | త | మ | ళ | బ | ల | ట | ఠ | వ | ఒ | య | ఖ | క |
| ఖ | చ | ఉ | ఇ | భ | గ | గ | ్ | ప | ి | ం | ా | ష | ల |
| వ | ా | ల | ృ | బ | ా | ల | ్ | వ | న | ఫ | ణ | హ | ల |
| గ | ో | ల | ్ | ఫ | ్ | అ | గ | ్ | వ | ి | ం | ై | డ |
| స | ర | ్ | ఫ | ి | ం | గ | ్ | భ | ఠ | ఫ | ఖ | బ | ఇ |

కళ
బేస్బాల్
బాక్సింగ్
డ్రైవింగ్
ఫిషింగ్
తోటపని
గోల్ఫ్
హైకింగ్
విశ్రాంతి
షాపింగ్
సాకర్
సర్ఫింగ్
ఈత
టెన్నిస్
ప్రయాణం
వాలీబాల్

# 73 - Driving

| | | | | | | | | | | | | | |
|---|---|---|---|---|---|---|---|---|---|---|---|---|---|
| ర | త | భ | ణ | ం | చ | ప | ో | ల | ీ | స | ు | స | డ |
| ధ | మ | గ | అ | ప | ా | య | ం | ద | ర | అ | ఉ | ొ | ె |
| మ | ో | ట | ా | ర | ె | స | ై | క | ి | ల | ె | ర | ర |
| ట | ె | ర | ా | ఫ | ి | క | ె | త | త | ం | ణ | ం | ై |
| బ | ర | య | ళ | ప | ఖ | వ | అ | హ | ఢ | డ | హ | గ | వ |
| స | ె | న | ె | స | ై | ై | ల | ం | ఉ | ధ | చ | ం | ర |
| ఒ | ట | ర | ీ | ా | ల | ర | ు | చ | ా | ద | ా | ప | ె |
| ల | ో | ధ | ే | డ | శ | ధ | ి | ీ | వ | ే | గ | ం | ప |
| గ | మ | ఞ | డ | క | క | మ | య | గ | ర | ు | ా | క | ె |
| ఇ | ఒ | భ | ఖ | ఫ | ు | ళ | జ | ె | ో | డ | ఒ | ల | ర |
| ళ | ం | ఈ | ద | అ | వ | ల | త | య | ె | ఈ | భ | వ | మ |
| ధ | ట | ధ | ద | ె | అ | ఖ | ు | ా | త | ష | వ | శ | ా |
| ఫ | ప | మ | న | స | ర | చ | ద | స | ఖ | శ | ఈ | ఠ | ద |
| మ | శ | ఠ | ణ | ం | మ | త | వ | ె | ఢ | ఢ | య | ళ | ం |

ప్రమాదం
బ్రేకులు
కారు
అపాయం
డ్రైవర్
ఇంధనం
గ్యాస్
లైసెన్స్
పటం
మోటర్
మోటార్ సైకిల్
పాదచారుల
పోలీసు
త్రోవ
భద్రత
వేగం
వీధి
ట్రాఫిక్
లారీ
సొరంగం

# 74 - Professions #2

| | | | | | | | | | | | | | |
|---|---|---|---|---|---|---|---|---|---|---|---|---|---|
| స | ఫ | ద | ఫ | ప | ు | ా | క | ర | ఖ | చ | త | ఫ | వ |
| భ | వ | మ | ణ | ో | ్ | ఫ | ఫ | ధ | శ | జ | ో | ట | ్ |
| ఠ | భ | అ | ఞ | ఠ | ట | ర | ్ | చ | ీ | ట | ట | ్ | య |
| డ | ఫ | ధ | హా | స | ర | ో | ొ | బ | అ | మ | మ | స | ో |
| స | ర | ్ | జ | న | ్ | త | గ | ఫ | ఞ | భ | ా | ్ | మ |
| ఈ | ళ | ఉ | బ | ద | భ | ర | ఠ | ్ | ె | ద | ల | ల | గ |
| స | ఫ | హా | ఖ | ర | వ | ్ | డ | జ | ర | స | ి | ి | ా |
| ప | ర | ి | శ | ో | ధ | క | ు | డ | ు | ా | ర | న | మ |
| ఉ | ్ | భ | ణ | హా | గ | ట | య | వ | త | ఢ | ఫ | ్ | ి |
| ల | న | ధ | ా | ఞ | ఖ | ి | ు | ణ | ణ | భ | బ | ర | ల |
| ఫ | ీ | ఫ | ం | ష | ఠ | ష | ద | ఈ | ఒ | య | ఞ | జ | ్ |
| భ | జ | త | ం | చ | ా | ్ | ్ | హా | ర | డ | ణ | ఞ | ఈ |
| మ | ం | ం | గ | య | ళ | ృ | ై | ఠ | శ | ష | స | ఈ | శ |
| గ | ఇ | ఉ | భ | ద | ఉ | స | వ | స | ళ | స | చ | ఒ | క |

వ్యోమగామి
ఇంజనీర్
కాపు
తోటమాలి
సృష్టికర్త
జర్నలిస్ట్
భాషా
ఫోటోగ్రాఫర్
వైద్యుడు
ప్రొఫెసర్
పరిశోధకుడు
సర్జన్
టీచర్

# 75 - Mythology

| | | | | | | | | | | | | | |
|---|---|---|---|---|---|---|---|---|---|---|---|---|---|
| ప | ్ | ర | త | ీ | క | ా | ర | ం | ణ | ణ | మ | ఇ | ళ |
| ళ | ప | ర | శ | న | ఢ | ధ | జ | బ | ఉ | క | ై | గ | ఈ |
| ష | ఇ | భ | ప | త | ఇ | భ | వ | ం | ్ | త | ర | మ | అ |
| స | ట | ఉ | త | ర | జ | ీ | వ | ి | ఖ | ి | ు | మ | వ |
| వ | ి | ప | త | ్ | త | ు | ఇ | ం | ర | ౖ | ప | హ | హ |
| ప | ష | ప | చ | వ | ల | హ | డ | ర | ఖ | ై | ు | క | ణ |
| చ | ్ | య | త | ర | ో | ీ | హ | ా | త | న | చ | ఢ | ఒ |
| ప | ృ | వ | ప | ్ | ఢ | ం | న | క | ై | క | ్ | ి | చ |
| ఢ | స | బ | ద | ప | భ | ధ | భ | ్ | వ | ం | ర | ఖ | ఆ |
| న | మ | ్ | మ | క | ా | ల | ు | ష | ఉ | హ | గ | ష | ద |
| స | ్ | వ | ర | ్ | గ | ం | ఠ | స | ల | ప | ఉ | ఠ | ర |
| ఇ | ప | ు | ర | ా | ణ | ం | ల | ు | త | వ | ే | ద | ్ |
| ఉ | ర | ు | మ | ు | ల | ల | ం | డ | య | ణ | ఇ | ఇ | శ |
| స | ం | స | ్ | క | ృ | త | ి | ు | అ | స | ూ | య | ం |

ఆదర్శం
ప్రవర్తన
నమ్మకాలు
సృష్టి
జీవి
సంస్కృతి
దేవతలు
విపత్తు
స్వర్గం
హీరో

అమరత్వం
అసూయ
చిక్కైన
పురాణం
మెరుపు
రాక్షసుడు
నైతిక
ప్రతీకారం
ఉరుము

# 76 - Hair Types

| | | | | | | | | | | | | | |
|---|---|---|---|---|---|---|---|---|---|---|---|---|---|
| ఠ | బ | మ | త | ఒ | భ | చ | శ | డ | క | ఒ | భ | ప | ఉ |
| ష | అ | ్ | ె | ం | శ | మ | శ | మ | ఈ | వ | ఫ | హ | ం |
| ధ | ల | మ | ర | ర | ఢ | ఉ | గ | ణ | హ | ఈ | ణ | శ | గ |
| ఖ | ్ | ళ | ే | ౌ | ి | ద | శ | స | ణ | ర | ద | ష | ర |
| య | ల | క | ్ | స | న | స | ప | ా | డ | ర | బ | ణ | ా |
| ణ | ి | జ | గ | య | ఞ | ్ | ే | ఫ | ఈ | ద | ధ | ప | ల |
| ష | న | డ | చ | ర | ఉ | ఒ | గ | ్ | ం | ా | ల | శ | క |
| న | ర | ల | వ | ర | ం | గ | ు | ట | మ | య | ద | న | ర |
| మ | ల | ు | ర | ు | ు | క | శ | ్ | వ | క | జ | ి | ా |
| ై | ో | ఆ | ర | ో | గ | ్ | య | క | ర | మ | ై | న | గ |
| ద | ఈ | డ | న | ల | ు | ప | ు | ఈ | హ | ప | మ | ్ | ి |
| ం | ఫ | ి | ల | వ | ధ | ప | ొ | ట | ్ | ట | ి | న | ం |
| మ | ల | ొ | అ | ్ | బ | ట | ్ | ట | త | ల | క | స | ల |
| ఈ | ర | ప | త | ె | ల | ు | ప | ు | మ | య | త | ష | ఒ |

బట్టతల
నలుపు
రాగి
అల్లిన
జడలు
బ్రౌన్
రంగు
కురులు
మోడల్
పొడి
గ్రే
ఆరోగ్యకరమైన
లాంగ్
మెరిసే
పొట్టి
సాఫ్ట్
మందమైన
సన్నని
ఉంగరాల
తెలుపు

# 77 - Garden

| | | | | | | | | | | | | | |
|---|---|---|---|---|---|---|---|---|---|---|---|---|---|
| త | ద | ధ | ఊ | ల | చ | వ | ప | ళ | ఉ | ం | ర | ా | ప |
| ష | ష | ఖ | ప | య | శ | ై | చ | జ | ణ | ల | ా | ప | ం |
| బ | ్ | ం | చ | ె | ల | న | ె | బ | మ | ష | ళ | ఢ | ఫ |
| ప | ు | వ | ె | వ | ు | ె | చ | ట | ు | ట | ె | ్ | చ |
| ష | క | అ | ఫ | ష | త | గ | ి | ో | ర | క | ళ | ు | ఈ |
| ణ | ల | చ | ఫ | గ | ఞ | ొ | క | త | ప | హ | ు | ర | బ |
| భ | ు | ్ | ఈ | ల | వ | ట | డ | ి | ె | డ | గ | ఖ | మ |
| అ | ప | ర | ం | స | క | ె | ే | ర | ప | ం | ఫ | ణ | ర |
| అ | ు | ు | ఫ | బ | ష | ట | అ | జ | చ | ఞ | ఢ | ఢ | ర |
| ఠ | క | వ | బ | ఠ | ష | ం | మ | ట | ె | ట | ి | ష | య |
| మ | చ | ు | ఢ | ణ | ధ | ర | క | ఢ | గ | డ | జ | ష | గ |
| ఠ | క | ళ | ఫ | ళ | అ | య | ం | ఈ | జ | వ | య | ఖ | ళ |
| ప | ం | డ | ె | ల | భ | వ | ఫ | ఈ | ఫ | క | ం | చ | ్ |
| ణ | య | ట | ె | ర | ా | మ | ె | ప | ో | ల | ి | న | ె |

బెంచ్
బుష్
కంచె
పువ్వు
తోట
గడ్డి
ఊయల
గొట్టం
పచ్చిక
పండ్లు
చెరువు
రేక్
రాళ్ళు
పార
మట్టి
చప్పరము
ట్రామ్పోలిన్
చెట్లు
వైన్
కలుపు

# 78 - Diplomacy

| | | | | | | | | | | | | | |
|---|---|---|---|---|---|---|---|---|---|---|---|---|---|
| ప | ర | ి | ష | ె | క | ా | ర | ం | ఉ | డ | ఠ | స | ం |
| వ | ి | ద | ే | శ | ీ | ళ | భ | డ | ష | త | ఢ | ల | ద |
| ద | ౌ | త | ె | య | ప | ర | మ | ై | న | త | స | హ | స |
| మ | ా | న | వ | త | ా | చ | ప | ధ | ద | ఠ | య | ా | ె |
| న | ీ | త | ి | శ | ా | స | ె | త | ె | ర | ం | ద | ప |
| ల | ు | య | ా | క | ీ | జ | ా | ర | భ | అ | య | ా | ష |
| ు | స | ం | ఘ | ర | ె | ష | ణ | ె | చ | అ | ా | ర | ె |
| ర | స | స | మ | ళ | ఫ | ధ | ఖ | ద | జ | ఒ | ె | ు | ట |
| ు | ప | ం | హ | జ | ద | క | ఒ | భ | వ | ప | న | డ | త |
| ౌ | ౌ | ర | ఘ | క | స | మ | గ | ె | ర | త | వ | ు | ష |
| ప | ర | మ | ల | ం | ా | ఒ | ప | ె | ప | ం | ద | ం | ఞ |
| వ | ం | త | ె | భ | ు | ర | ె | ప | ర | అ | య | ద | ప |
| అ | ఫ | చ | ద | స | క | ఠ | ం | ఊ | ప | ఠ | శ | ప | త |
| ఖ | గ | గ | ఉ | ర | ా | య | బ | ా | ర | ి | ఢ | భ | ఫ |

సలహాదారుడు
రాయబారి
పౌరులు
పౌర
సంఘం
సంఘర్షణ
సహకారం
దౌత్యపరమైన
చర్చ
నీతిశాస్త్రం
విదేశి
ప్రభుత్వం
మానవతా
సమగ్రత
న్యాయం
రాజకీయాలు
స్పష్టత
భద్రత
పరిష్కారం
ఒప్పందం

# 79 - Countries #1

| | | | | | | | | | | | | | |
|---|---|---|---|---|---|---|---|---|---|---|---|---|---|
| స | ె | ప | ్ | య | ి | న | ె | ఞ | ఉ | న | ఫ | చ | మ |
| ర | ొ | మ | ే | న | ి | య | ా | స | య | ి | భ | బ | త |
| ఫ | ఈ | డ | ఖ | భ | డ | వ | క | ఢ | శ | క | ద | వ | ఖ |
| బ | ె | ర | ్ | జ | ి | ల | ె | వ | ే | ర | ె | ా | న |
| ల | క | గ | క | ద | ఠ | ఫ | ా | ఫ | ద | ా | ర | ళ | ధ |
| ట | ి | ్ | జ | త | య | ి | ర | స | ఖ | గ | ప | ఢ | ం |
| ె | బ | బ | న | ర | ష | న | ఇ | మ | ద | ు | ల | శ | ం |
| ప | క | ఉ | ి | డ | ల | ె | య | ్ | ర | ా | ె | జ | ఇ |
| ె | ో | అ | ఉ | య | ా | ల | ా | జ | ు | న | ి | ్ | వ |
| ి | ర | ల | స | ణ | ా | ా | డ | జ | ర | ె | మ | న | ీ |
| జ | ా | ప | ా | హా | మ | ం | ప | న | ా | మ | ా | భ | ల |
| ఈ | ొ | ఫ | ప | ం | ఈ | డ | ం | ఠ | ధ | క | ద | శ | ట |
| డ | మ | హా | ణ | ఢ | డ | ె | య | డ | క | య | అ | గ | ఇ |
| ఈ | బ | ధ | ఖ | బ | ల | ె | గ | న | ్ | ్ | స | ప | ర |

బ్రెజిల్
కెనడా
ఈజిప్ట్
ఫిన్లాండ్
జర్మనీ
ఇరాక్
ఇజ్రాయెల్
ఇటలీ
లిబియా
మొరాకో
నికరాగు
నార్వే
పనామా
పోలాండ్
రోమేనియా
సెనెగల్
స్పెయిన్
వెనిజులా

# 80 - Adjectives #1

| | | | | | | | | | | | | | |
|---|---|---|---|---|---|---|---|---|---|---|---|---|---|
| శ | స | ఈ | గ | డ | ఝ | ధ | గ | ఈ | ప | ఆ | క | క | ఖ |
| ధ | ం | న | ద | ై | ీ | ర | ఖ | ఠ | ప | ధ | ద | క | ధ |
| ష | ణ | ర | ్ | ప | ూ | ం | స | ష | ష | ు | ల | మ | ఫ |
| ఉ | హ | బ | ఈ | న | ఒ | క | ే | ల | ా | న | వ | త | ఒ |
| శ | ద | ే | య | ్ | న | అ | భ | ద | ద | ి | ఉ | ్ | స |
| ం | ఫ | ఖ | స | ళ | ట | ి | క | ీ | చ | క | డ | ా | ీ |
| ద | ృ | ష | ్ | ట | ి | మ | ఖ | ఈ | ఉ | ం | జ | ళ | ర |
| ప | ్ | ర | త | ి | ష | ్ | ట | ా | త | ్ | మ | క | ి |
| ీ | త | ఉ | ద | ా | ర | ీ | ా | భ | ఢ | ర | డ | ఫ | య |
| య | క | ా | య | జ | భ | అ | ం | ద | మ | ై | న | స | స |
| ా | చ | డ | జ | న | ి | జ | ా | య | ి | త | ీ | ు | ్ |
| ్ | అ | ా | గ | ా | ద | ి | మ | మ | ్ | ె | న | గ | డ |
| హ | అ | త | ల | య | హ | గ | శ | భ | ళ | జ | జ | ం | ం |
| ఖ | శ | భ | ఫ | ా | ం | ప | య | జ | ఈ | వ | ల | ధ | వ |

సంపూర్ణ
ప్రతిష్టాత్మక
సుగంధ
కళాత్మక
అందమైన
చీకటి
అన్యదేశ
ఉదార
హ్యాపీ
భారీ
చాలా
నిజాయితీ
ఒకేలా
దృష్టి
ఆధునిక
తాజా
సీరియస్
నెమ్మదిగా
సన్నని
ఖరీదైన

# 81 - Rainforest

| | | | | | | | | | | | | | |
|---|---|---|---|---|---|---|---|---|---|---|---|---|---|
| ప | ఉ | భ | య | చ | ర | ా | ల | ు | ల | న | ఫ | య | ధ |
| ష | ్ | ఖ | ర | ీ | ద | ై | న | శ | ధ | ా | ఒ | క | డ |
| ఢ | జ | ర | ష | స | ష | హా | త | త | య | చ | వ | ీ | స |
| క | శ | ద | క | మ | శ | ష | ం | ర | శ | ు | ఉ | ట | ం |
| అ | డ | వ | ి | ృ | న | డ | స | మ | ీ | చ | ల | క | ఘ |
| శ | ఖ | ల | ల | ు | త | ు | ా | జ | ే | క | ు | ా | ం |
| త | భ | ఢ | జ | అ | ఒ | ి | గ | భ | ద | ఘ | ద | ల | ల |
| గ | ౌ | ర | వ | ం | క | ఇ | చ | డ | జ | శ | ా | ు | ు |
| క | బ | ధ | ళ | ప | శ | ం | ల | వ | మ | ర | ర | ల | ష |
| ప | ు | న | ర | ు | ద | ్ | ధ | ర | ణ | ణ | ష | ద | ు |
| స | ం | ర | క | ్ | ష | ణ | బ | ఢ | మ | ు | ీ | శ | ్ |
| హా | ష | బ | వ | ా | త | ా | వ | ర | ణ | ం | ్ | ర | క |
| బ | ో | ట | ా | న | ి | క | ల | ్ | ధ | స | క | మ | ప |
| వ | ై | | వ | ి | ధ | ్ | య | ం | ష | ం | జ | వ | ధ |

ఉభయచరాలు
పక్షులు
బొటానికల్
వాతావరణం
మేఘాలు
సంఘం
వైవిధ్యం
దేశీయ
కీటకాలు
అడవి
క్షీరదాలు
నాచు
ప్రకృతి
సంరక్షణ
శరణు
గౌరవం
పునరుద్ధరణ
జాతులు
మనుగడ
ఖరీదైన

# 82 - Technology

| | | | | | | | | | | | | | |
|---|---|---|---|---|---|---|---|---|---|---|---|---|---|
| ఫ | ద | భ | ఇ | స | ా | ఫ | ె | ట | ె | వ | ే | ర | ె |
| ద | ై | గ | శ | ం | ద | ే | ం | స | ఇ | ఫ | ఖ | ణ | అ |
| జ | ం | ల | ణ | ర | ట | ష | బ | ె | ల | ా | గ | ు | ణ |
| త | ద | ణ | ె | ా | త | ర | ె | ద | భ | ఈ | ప | ప | ల |
| క | ఠ | ణ | వ | మ | ం | ల | ె | వ | చ | ు | ె | ర | వ |
| ం | జ | న | ై | ొ | స | క | ఢ | న | ఉ | డ | ే | ట | ా |
| ప | క | ె | ర | ొ | మ | వ | ా | మ | ొ | జ | ం | ె | జ |
| ె | ర | ర | స | క | త | డ | మ | ల | ళ | ట | య | ం | శ |
| య | ె | ీ | ె | ఈ | హ | అ | గ | ె | ు | ణ | ె | ా | య |
| ా | స | క | అ | ఖ | ఠ | భ | ధ | ట | గ | బ | డ | ఫ | ం |
| ట | ర | ె | జ | ర | ా | ె | బ | జ | భ | ధ | ళ | ర | బ |
| ర | ె | ె | ళ | న | ధ | శ | ో | ి | ర | ప | గ | క | వ |
| ె | జ | స | ఢ | ళ | అ | క | ష | ి | ర | ం | ళ | ఢ | ణ |
| ఢ | చ | అ | ఇ | డ | ణ | స | ప | డ | డ | ఈ | య | ఒ | జ |

బ్లాగు
బ్రౌజర్
కెమెరా
కంప్యూటర్
కర్సర్
డేటా
డిజిటల్
ఫైల్
ఫాంట్
ఇంటర్నెట్
సందేశం
పరిశోధన
స్క్రీన్
భద్రత
సాఫ్ట్వేర్
గణాంకాలు
వర్చ్యువల్
వైరస్

# 83 - Landscapes

| | | | | | | | | | | | | | |
|---|---|---|---|---|---|---|---|---|---|---|---|---|---|
| మ | మ | ం | చ | ు | క | ొ | ం | డ | ర | అ | ద | హ | ఒ |
| హ | ల | య | శ | ఢ | ఉ | ఈ | స | ఈ | ఖ | గ | హ | ఖ | గ |
| ా | ఠ | బ | ఫ | బ | ళ | భ | డ | ్ | చ | ్ | ీ | బ | ు |
| స | ు | ్ | స | ర | స | ఢ | ప | ల | స | న | ల | ల | హ |
| మ | ద | త | ద | ం | న | న | ీ | మ | ా | ి | హ | ో | ప |
| ు | ్ | ధ | డ | బ | భ | బ | ణ | శ | ణ | ప | ా | జ | య |
| ద | వ | వ | వ | ద | ఫ | ర | వ | అ | ఖ | ర | మ | య | హ |
| ్ | ీ | డ | ర | ఎ | డ | ా | ర | ి | ప | ్ | గ | ప | ఒ |
| ర | ప | న | ద | ి | ి | డ | ్ | త | ం | వ | ్ | ర | ప |
| ం | క | ళ | ్ | ణ | త | ్ | జ | ం | ఠ | త | ఉ | బ | ం |
| ఉ | ల | గ | ు | మ | త | ం | ీ | ా | డ | ం | ొ | క | వ |
| య | ్ | ళ | మ | ర | ్ | ట | గ | ప | భ | ఢ | ద | ష | ీ |
| ఉ | ప | ర | స | గ | ి | ణ | స | ల | య | త | ఖ | గ | ్ |
| హ | ం | వ | ఇ | మ | చ | మ | ం | జ | ఉ | ఉ | త | డ | ద |

బీచ్
గుహ
ఎడారి
గీజర్
హిమానీనదం
కొండ
మంచుకొండ
ద్వీపం
సరస్సు
పర్వతం

ఒయాసిస్
మహాసముద్రం
ద్వీపకల్పం
నది
సముద్ర
చిత్తడి
టండ్రా
లోయ
అగ్నిపర్వతం
జలపాతం

# 84 - Visual Arts

| | | | | | | | | | | | | | |
|---|---|---|---|---|---|---|---|---|---|---|---|---|---|
| ల | ఫ | క | ళ | ా | క | ా | ర | ు | డ | ు | వ | స | చ |
| హ | ఒ | ో | అ | ఢ | ఠ | ర | బ | ఢ | ఫ | ప | ా | ృ | ి |
| త | బ | బ | ట | ి | ట | ె | మ | క | ం | బ | ర | జ | త |
| ర | ప | ల | స | ో | ర | చ | న | ఋ | ఒ | ళ | ె | న | ె |
| ధ | ద | ద | ె | ు | స | బ | మ | చ | అ | ఢ | న | ా | త |
| శ | ద | క | క | స | క | ర | ొ | ై | ష | గ | ి | త | ర |
| ప | ్ | న | ె | స | ి | ల | ె | గ | న | జ | ష | ె | ు |
| క | ళ | ె | మ | ష | ఢ | మ | వ | క | ె | ం | ె | మ | వ |
| ూ | అ | ్ | ి | శ | ి | ల | ె | ప | ం | గ | గ | క | ు |
| ర | జ | ప | ర | క | స | ణ | ఠ | ద | జ | స | ు | త | బ |
| ె | అ | ప | ా | స | ె | ట | ్ | న | ె | స | ి | ల | ె |
| ప | మ | శ | ్ | ప | ్ | య | ి | ం | ట | ి | ం | గ | ె |
| ు | య | జ | స | న | ి | ర | ె | మ | ా | ణ | ం | ఉ | ఉ |
| భ | ద | ృ | ష | ె | ట | ి | క | ో | ణ | ం | అ | ఠ | ఉ |

నిర్మాణం
కళాకారుడు
సెరామిక్స్
సుద్ద
బొగ్గు
బంకమట్టి
కూర్పు
సృజనాత్మకత
ఫోటో
రచన
పెయింటింగ్
పెన్
పెన్సిల్
దృష్టికోణం
చిత్తరువు
శిల్పం
స్టెన్సిల్
వార్నిష్
మైనం

# 85 - Plants

| | | | | | | | | | | | | | |
|---|---|---|---|---|---|---|---|---|---|---|---|---|---|
| బ | బ | ఢ | మ | ఉ | హా | ష | క | మ | ఒ | ల | అ | ఇ | ఒ |
| ఉ | ట | ీ | ఇ | ష | మ | ఒ | ఈ | క | ష | క | ె | ృ | వ |
| అ | ె | ఢ | ర | ర | ఉ | య | ఉ | డ | ల | ఠ | ళ | ద | ృ |
| య | స | డ | ి | ె | డ | గ | హా | అ | ం | అ | గ | క | క |
| వ | ె | బ | డ | శ | ర | బ | ల | ల | య | స | మ | ా | ె |
| ్ | ర | బ | ్ | న | ె | ్ | ు | న | ా | చ | ు | క | ష |
| వ | ీ | ద | ు | ర | ు | చ | వ | ష | ష | ర | డ | ె | జ |
| ఐ | ా | ఆ | క | ు | ల | ు | ు | ప | ె | ఠ | ం | ట | ా |
| ష | ఫ | ర | ే | క | ప | ఉ | ు | అ | బ | ం | ా | స | ల |
| ర | ా | ట | ె | త | ఈ | ం | ర | ల | చ | అ | క | ె | ం |
| చ | శ | బ | ల | భ | ో | హా | ఎ | ప | ు | వ | ె | వ | ు |
| బ | డ | ఢ | ఠ | మ | భ | ట | ు | ట | ె | ీ | చ | ష | ఫ |
| వ | ృ | క | ె | ష | శ | ా | స | ె | త | ె | ర | ం | ల |
| స | ఉ | ఉ | ర | చ | ఒ | య | భ | ల | త | ఈ | బ | భ | ద |

వెదురు
బీన్
బెర్రీ
వృక్షశాస్త్రం
బుష్
కాక్టస్
ఎరువులు
వృక్షజాలం
పువ్వు
ఆకులు
ఫారెస్ట్
తోట
గడ్డి
ఐవీ
నాచు
రేక
రూట్
కాండము
చెట్టు
వృక్ష

# 86 - Boxing

| | | | | | | | | | | | | | |
|---|---|---|---|---|---|---|---|---|---|---|---|---|---|
| ద | ద | ళ | ఠ | ధ | ఒ | ధ | ఠ | ష | ఫ | చ | శ | అ | క |
| ర | ఒ | ఉ | త | డ | ద | ల | ఒ | బ | ఈ | ే | ల | య | ి |
| ప | ా | య | ి | ం | ట | ె | ల | ు | అ | త | డ | ి | క |
| చ | భ | ష | చ | ె | ి | ా | ు | వ | ప | ి | ఇ | ప | ె |
| ల | మ | ం | ే | డ | ష | బ | య | య | ె | త | ధ | ో | ళ |
| శ | బ | డ | ో | గ | ె | ఒ | ా | ప | ర | ొ | ఇ | య | క |
| ధ | భ | ఢ | మ | ఫ | ు | ఉ | ా | ద | త | డ | ధ | ి | ా |
| బ | ల | మ | ు | త | మ | య | గ | య | ె | ు | య | న | ర |
| ఒ | చ | డ | ఠ | ఠ | ఢ | బ | అ | భ | య | గ | ష | గ | ె |
| ళ | త | శ | చ | చ | ణ | జ | గ | బ | ర | ు | ఇ | ఠ | న |
| ఉ | ఒ | ఒ | శ | ర | ీ | ర | ప | ష | ె | ల | ఠ | ల | ర |
| క | క | ప | ఉ | త | ల | య | ప | క | థ | ు | మ | ఈ | ె |
| ద | ృ | ష | ె | ట | ి | చ | డ | ళ | ి | ధ | ఈ | ఫ | ధ |
| ర | ీ | ఫ | ి | ర | ి | క | వ | ర | ీ | ద | య | శ | ర |

బెల్
శరీర
గడ్డం
కార్నర్
మోచేతి
అయిపోయిన
యుద్ధ
ముష్టి
దృష్టి
చేతి తొడుగులు
గాయాలు
కిక్
ప్రత్యర్థి
పాయింట్లు
రికవరీ
రిఫరీ
బలము

# 87 - Countries #2

| | | | | | | | | | | | | | |
|---|---|---|---|---|---|---|---|---|---|---|---|---|---|
| స | ో | మ | ా | ల | ి | య | ా | ఖ | ఫ | ఈ | గ | ఇ | డ |
| న | ై | జ | ీ | ర | ి | య | ా | ణ | ఠ | డ | ె | థ | ై |
| ప | ఒ | క | జ | ఉ | హ | ధ | ర | ళ | ఢ | ల | ర | ి | న |
| ల | ై | బ | ీ | ర | ి | య | ా | ష | ణ | ధ | ీ | య | ె |
| ఉ | య | జ | మ | ై | క | ా | ణ | మ | ె | జ | స | ో | మ |
| ప | ా | క | ి | స | ె | త | ా | న | ె | య | ె | ప | ా |
| ఒ | ర | ల | మ | ఈ | ద | ల | బ | ష | ె | క | ా | ి | ర |
| ఉ | ి | ు | ప | ు | ఞ | ధ | చ | ణ | ఖ | డ | ఒ | య | ె |
| గ | ి | బ | ఠ | డ | క | ఫ | య | ణ | ఉ | త | ా | ా | క |
| ా | స | న | మ | మ | ల | ె | ప | ా | ే | న | ఠ | ూ | ె |
| ం | క | ా | ర | ఒ | ష | డ | స | ధ | ర | అ | స | ల | స |
| డ | హ | న | ె | ా | ప | జ | ట | ి | ై | హ | ఞ | మ | త |
| ా | ఖ | ె | ల | ా | వ | ో | స | ె | క | ర | ఒ | ణ | ద |
| అ | ల | ె | బ | ే | న | ి | య | ా | మ | ో | ఠ | ర | భ |

అల్బేనియా
డెన్మార్క్
ఇథియోపియా
గ్రీస్
హైటి
జమైకా
జపాన్
లావోస్
లెబనాన్
లైబీరియా
మెక్సికో
నేపాల్
నైజీరియా
పాకిస్తాన్
రష్యా
సోమాలియా
సూడాన్
సిరియా
ఉగాండా

# 88 - Ecology

| | | | | | | | | | | | | | |
|---|---|---|---|---|---|---|---|---|---|---|---|---|---|
| మ | ప | ె | ర | క | ృ | త | ి | వ | వ | ళ | ణ | య | క |
| జ | ా | క | ఒ | ఉ | జ | హ | స | ృ | వ | ృ | చ | ం | ఞ |
| ణ | ం | ర | వ | త | ా | ా | వ | క | న | ఫ | క | ధ | స |
| క | భ | మ | ె | స | మ | భ | ా | ె | ర | ల | య | ె | ణ |
| మ | అ | ప | ై | ష | జ | ఞ | ి | ష | ు | ు | ఫ | వ | ష |
| ె | ర | ె | డ | ర | ె | ఫ | న | జ | ల | ర | క | ి | ప |
| య | స | ర | జ | ఉ | ై | ణ | ఠ | ా | ు | ె | ణ | ై | ర |
| ా | ె | ప | ా | ఢ | జ | న | ష | ల | ఢ | ట | ష | ై | ె |
| న | థ | ం | త | త | ప | త | ె | ం | ఠ | ీ | హ | వ | వ |
| ి | ి | చ | ు | జ | ం | త | ు | జ | ా | ల | ం | మ | త |
| ట | ర | ఈ | ల | ు | క | క | ె | ో | మ | ం | ద | న | ా |
| ీ | మ | డ | ు | క | ర | ు | వ | ు | వ | ా | ఉ | ు | ల |
| ల | ై | ష | చ | జ | ళ | ఈ | భ | డ | ం | వ | ఖ | గ | ు |
| ు | న | ష | ణ | ఠ | త | ఖ | అ | స | మ | ప | స | డ | క |

వాతావరణం
కమ్యూనిటీలు
వైవిధ్యం
కరువు
జంతుజాలం
వృక్షజాలం
ప్రపంచ
నివాస
మెరైన్
మార్ష్
పర్వతాలు
సహజ
ప్రకృతి
మొక్కలు
వనరులు
జాతులు
మనుగడ
స్థిరమైన
వృక్ష
వాలంటీర్లు

# 89 - Adjectives #2

| | | | | | | | | | | | | | |
|---|---|---|---|---|---|---|---|---|---|---|---|---|---|
| క | ఆ | బ | ష | గ | క | జ | హ | స | ష | ళ | ష | ద | న |
| ర | ర | ఉ | ా | మ | ధ | డ | త | ల | ొ | ఒ | ధ | స | ి |
| వ | ో | ళ | ఠ | ధ | ఠ | త | ఢ | వ | డ | గ | జ | ద | ద |
| ప | గ | వ | వ | ఈ | ె | య | ఞ | ణ | ళ | ఉ | స | ఒ | ె |
| ూ | ె | భ | ళ | వ | స | య | ఫ | ం | య | భ | ష | ై | ర |
| ర | య | ణ | అ | అ | జ | ధ | త | ప | ొ | డ | ి | చ | న |
| ు | క | మ | త | ె | ణ | ా | ర | వ | ి | వ | త | ఖ | ఈ |
| ఒ | ర | జ | ో | త | ప | ె | ర | ా | మ | ా | ణ | ి | క |
| మ | మ | ఒ | ి | భ | ె | ప | ె | ర | స | ి | ద | ె | ధ |
| న | ై | మ | ల | బ | ప | ొ | వ | ే | డ | ి | వ | డ | అ |
| ణ | న | ద | క | భ | మ | ఉ | క | ద | ప | ా | ె | త | ఉ |
| ఉ | ఢ | ఉ | ఆ | స | క | ె | త | ి | క | ర | మ | ై | న |
| బ | చ | ళ | స | ృ | జ | న | ా | త | ె | మ | క | జ | ల |
| మ | హ | ా | త | ె | మ | ు | ల | ై | న | హ | ఞ | మ | ద |

ప్రామాణిక
సృజనాత్మక
వివరణాత్మక
పొడి
సొగసైన
ప్రసిద్ధ
మహాత్ములైన
ఆరోగ్యకరమైన
వేడి
ఆకలితో
ఆసక్తికరమైన
సహజ
కొత్త
ఉత్పాదక
పెరు
బాధ్యత
లవణం
నిద్ర
బలమైన
అడవి

# 90 - Psychology

| | | | | | | | | | | | | | |
|---|---|---|---|---|---|---|---|---|---|---|---|---|---|
| క | ె | ల | ి | న | ి | క | ల | ె | ఖ | శ | వ | క | ళ |
| ధ | ద | ష | ప | ళ | హ | ఖ | ఒ | ఒ | ఞ | ర | ె | ం | ణ |
| ఉ | ణ | హ | వ | ధ | ఈ | ధ | అ | ఒ | జ | ణ | య | మ | ధ |
| య | ష | ం | గ | అ | అ | హ | క | త | స | అ | క | య | ఉ |
| ప | ె | ర | వ | ర | ె | త | న | య | ం | ల | ె | ా | బ |
| ల | వ | స | త | ె | క | ి | ి | చ | చ | అ | త | ి | మ |
| మ | ఢ | అ | మ | ం | హ | అ | గ | ఉ | ల | ం | ి | న | ా |
| డ | ల | త | ధ | స | అ | ఫ | వ | ఉ | న | చ | త | స | ర |
| ణ | ు | ణ | ఉ | ప | ద | య | క | గ | ం | న | ె | ం | ె |
| అ | న | ు | భ | వ | ా | ల | ు | ల | ా | ా | వ | ఘ | ఛ |
| ష | చ | జ | ె | ఞ | ా | న | ం | ధ | ల | హ | ం | ర | ష |
| చ | ో | ద | ర | ఈ | ష | ప | డ | ద | ఢ | ు | న | ె | చ |
| ఫ | ల | ప | ె | ర | భ | ా | వ | ా | ల | ు | ఞ | ష | హ |
| ఢ | ఆ | వ | ా | స | ె | త | వ | ి | క | త | త | ణ | ఖ |

నియామకం
అంచనా
ప్రవర్తన
బాల్యం
క్లినికల్
జ్ఞానం
సంఘర్షణ
కలలు
అహం
అనుభవాలు
ఆలోచనలు
ప్రభావాలు
అవగాహన
వ్యక్తిత్వం
సమస్య
వాస్తవికత
సంచలనం
చికిత్స
మూర్ఛ

# 91 - Math

| | | | | | | | | | | | | | |
|---|---|---|---|---|---|---|---|---|---|---|---|---|---|
| వ | ఆ | చ | ు | ట | ె | ట | ు | క | ొ | ల | త | ర | స |
| చ | ె | న | చ | త | ు | ర | స | ె | ర | ం | హ | శ | హ |
| శ | హ | య | వ | చ | స | ం | ఖ | ె | య | ల | ు | వ | ఫ |
| అ | ణ | త | ా | ా | ప | ప | జ | ల | ద | జ | ర | త | డ |
| ఇ | శ | ం | చ | స | ల | మ | ఉ | ష | శ | ళ | త | ళ | ర |
| బ | డ | త | ల | ప | ా | ు | క | గ | ా | బ | ం | ం | ల |
| హ | ల | ె | వ | స | ధ | ర | హ | హ | ం | హ | ా | ో | ఠ |
| ు | క | ొ | ఠ | ఖ | శ | ణ | ె | ఢ | శ | ం | మ | ం | గ |
| భ | స | మ | ీ | క | ర | ణ | ం | థ | ష | మ | స | ఠ | వ |
| ు | డ | ళ | త | ం | ణ | ి | గ | క | ం | అ | డ | య | ె |
| జ | ం | భ | ు | ర | ి | ె | త | ప | ూ | ర | మ | స | య |
| ి | హ | మ | ా | క | ె | స | ి | క | ో | ప | ఈ | జ | ా |
| జ | ె | య | ా | మ | ి | త | ి | అ | భ | ఈ | ం | ద | స |
| ర | మ | భ | ి | న | ె | న | ం | స | ష | మ | బ | గ | ం |

మెక్సికో
అంకగణితం
దశాంశ
వ్యాసం
సమీకరణం
ఆనవాలు
భిన్నం
జ్యామితి
సంఖ్యలు
సమాంతర
చుట్టుకొలత
లంబంగా
బహుభుజి
వ్యాసార్థం
గోళం
చతురస్రం
మొత్తం
సమరూపత
త్రిభుజం

# 92 - Business

| | | | | | | | | | | | | | |
|---|---|---|---|---|---|---|---|---|---|---|---|---|---|
| అ | న | భ | బ | వ | ల | ఈ | డ | ం | ణ | జ | య | ళ | ఠ |
| మ | స | ి | య | ఢ | శ | ట | బ | చ | ల | ా | మ | ణ | ి |
| ె | ర | స | ర | ట | ష | ఉ | ె | ర | ద | ె | ద | ు | ఫ |
| మ | ు | క | ె | ె | శ | భ | బ | జ | అ | ం | గ | డ | ి |
| క | క | ం | ర | క | వ | ఉ | ు | ద | ్ | డ | ఫ | చ | క |
| ం | ు | ప | ీ | ో | ఆ | ా | ఖ | ల | ఫ | ె | ల | డ | ా |
| ల | ల | ్ | ్ | ం | ద | ఠ | హ | ధ | ర | ఈ | డ | ి | ర |
| భ | బ | న | క | స | ా | య | స | క | ధ | ఈ | ఈ | బ | ె |
| య | భ | ీ | ఈ | ె | య | చ | భ | ం | ు | ం | శ | ట | య |
| గ | జ | శ | ఉ | ి | ం | ఢ | క | ధ | ఇ | డ | త | ు | ా |
| ద | త | మ | మ | డ | మ | అ | ఒ | బ | జ | ఫ | ు | ట | ల |
| భ | క | ఉ | ా | ప | న | ె | న | ు | ల | ు | ల | ె | య |
| హ | బ | ఇ | ద | న | ష | ఠ | ం | గ | ర | భ | జ | ్ | ం |
| ల | స | ణ | బ | గ | ి | య | ౌ | ె | ద | ఉ | ప | ప | హ |

బడ్జెట్
కెరీర్
కంపెనీ
ధర
చలామణి
డిస్కౌంట్
ఉద్యోగి
యజమాని
రద్దు

ఆదాయం
పెట్టుబడి
నిర్వాహకుడు
సరుకుల
డబ్బు
కార్యాలయం
అమ్మకం
అంగడి
పన్నులు

# 93 - The Company

| | | | | | | | | | | | | | |
|---|---|---|---|---|---|---|---|---|---|---|---|---|---|
| ప | ం | ఖ | ఈ | ళ | ఉ | ప | న | త | ె | న | ా | ి | వ |
| ప | ె | ఖ | ద | ం | ప | ె | ద | క | ఢ | ి | క | శ | డ |
| ా | ఉ | ర | ష | చ | ా | ర | ధ | ద | ం | ర | గ | ఉ | అ |
| ట | ఉ | ం | ో | ధ | ధ | ప | ణ | ఉ | భ | ె | ం | ఠ | మ |
| ె | అ | ప | ప | ఫ | ి | ం | డ | ష | ఆ | ణ | ఠ | బ | ఇ |
| ట | వ | ా | ర | గ | ా | చ | త | గ | ద | య | ఇ | వ | ఢ |
| ు | క | య | ి | త | హ | ష | బ | భ | ా | ం | వ | ఢ | గ |
| బ | ా | ా | శ | ి | ళ | ధ | న | త | య | ణ | ె | ా | న |
| డ | శ | ె | ె | గ | ర | చ | ణ | ల | ం | డ | ద | వ | జ |
| ి | ం | వ | ర | ర | ఉ | త | ి | త | ె | ప | ె | త | ఉ |
| ఉ | ం | ఉ | మ | ో | ప | ె | ర | ద | ర | ె | శ | న | ధ |
| ఇ | వ | న | ర | ు | ల | ు | ఇ | చ | ఠ | భ | మ | చ | ఉ |
| మ | బ | ఈ | ద | ప | స | ృ | జ | న | ా | త | ె | మ | క |
| క | ీ | ర | ె | త | ి | య | ా | న | ి | ట | ె | ల | ు |

వ్యాపారం
సృజనాత్మక
నిర్ణయం
ఉపాధి
ప్రపంచ
పరిశ్రమ
వినూత్న
పెట్టుబడి
అవకాశం
ప్రదర్శన
ఉత్పత్తి
ప్రొఫెషనల్
పురోగతి
నాణ్యత
కీర్తి
వనరులు
ఆదాయం
యూనిట్లు

# 94 - Literature

| | | | | | | | | | | | | | |
|---|---|---|---|---|---|---|---|---|---|---|---|---|---|
| ళ | చ | ష | హ | స | ప | థ | ళ | ం | య | స | జ | న | వ |
| ఢ | ఈ | బ | శ | ా | ో | శ | ీ | గ | ణ | ం | ీ | వ | ి |
| ష | ఠ | చ | య | ర | ల | ఢ | త | మ | భ | భ | వ | ల | శ |
| వ | ద | ఫ | బ | ా | ి | ఢ | త | ఒ | ె | ా | ి | ష | ె |
| ల | య | మ | మ | ప | క | ఢ | ష | ల | ధ | ష | త | య | ల |
| స | అ | మ | హ | ె | ణ | ధ | అ | ర | ల | ణ | చ | హ | ే |
| మ | భ | క | ల | య | త | ఫ | ఫ | ఊ | క | వ | ర | ఫ | ష |
| ు | ి | మ | ల | త | ా | ి | వ | క | ర | ధ | ి | బ | ణ |
| గ | ప | క | ణ | శ | త | శ | య | ల | ప | ఠ | త | ద | వ |
| ి | ె | థ | ర | ా | ప | క | ం | చ | శ | ఠ | ె | స | ి |
| ం | ర | క | వ | డ | ఞ | ఖ | ె | ధ | ర | ై | ర | ఢ | ష |
| ప | ా | ు | ి | ఖ | ఒ | య | ద | ఈ | య | మ | ల | ప | ా |
| ు | య | డ | వ | బ | ఫ | ఠ | ప | య | గ | ఫ | మ | ి | ద |
| ఖ | ం | ు | క | ల | ె | ప | న | ధ | య | క | థ | ఞ | ం |

సారూప్యత
విశ్లేషణ
కథ
రచయిత
జీవిత చరిత్ర
పోలిక
ముగింపు
వివరణ
సంభాషణ
కల్పన
రూపకం
కథకుడు
నవల
అభిప్రాయం
పద్యం
కవితా
లయ
శైలి
థీమ్
విషాదం

# 95 - Geography

| | | | | | | | | | | | | | |
|---|---|---|---|---|---|---|---|---|---|---|---|---|---|
| ఖ | ణ | గ | ణ | త | మ | ప | ధ | ర | ద | ్ | ు | మ | స |
| ప | ట | ం | ప | వ | ు | స | డ | శ | క | ఠ | గ | ె | ఉ |
| అ | ప | భ | ణ | ఈ | స | ్ | ల | ా | ్ | ట | అ | ర | త |
| క | ్ | ా | ద | ఢ | ప | ప | త | హ | ష | ద | ధ | ి | ్ |
| ్ | ర | ూ | ర | య | ఉ | క | ్ | ఎ | ి | ధ | అ | డ | త |
| ష | ప | భ | ర | ఢ | ణ | స | అ | ర | ణ | చ | ఈ | ి | ర |
| ా | ం | ళ | ఈ | చ | ఫ | ల | ర | ఉ | ా | భ | య | య | ప |
| ం | చ | ఢ | ద | న | ద | ి | ్ | మ | ం | ం | గ | న | ర |
| శ | ం | ల | ే | ర | ఉ | ధ | ధ | ఇ | ఉ | ల | త | ్ | ్ |
| ం | ర | ఉ | శ | మ | ర | చ | గ | భ | బ | ఖ | మ | ం | వ |
| ళ | ష | ల | ం | డ | డ | జ | ో | ష | ఉ | ం | ఠ | ర | త |
| ద | ్ | వ | ీ | ప | ం | ఖ | ళ | ప | ణ | డ | ళ | అ | ం |
| ఖ | ఒ | స | భ | ధ | ఒ | ం | ం | శ | ర | ర | హ | య | ం |
| న | గ | ర | ం | ళ | ధ | ఒ | ఖ | త | వ | గ | ప | జ | ఖ |

ఎత్తు
అట్లాస్
నగరం
ఖండం
దేశం
అర్ధగోళం
ద్వీపం
అక్షాంశం
పటం
మెరిడియన్
పర్వతం
ఉత్తర
ప్రాంతం
నది
సముద్ర
దక్షిణ
భూభాగం
పడమర
ప్రపంచం

# 96 - Pets

| | | | | | | | | | | | | | |
|---|---|---|---|---|---|---|---|---|---|---|---|---|---|
| బ | ణ | ఢ | ప | ే | చ | క | ు | క | ్ | క | త | క | క |
| ధ | శ | ష | ర | ం | ా | హా | ఆ | ో | చ | ష | ా | ు | ు |
| మ | అ | ళ | ఈ | ష | జ | ల | ఖ | త | ి | హా | బ | ం | క |
| ఒ | ప | ట | ్ | ట | ీ | ా | య | ం | ట | ఫ | ే | ద | ్ |
| ప | ఉ | డ | ఉ | గ | ఠ | ఫ | ల | ర | ్ | మ | ల | ే | క |
| ఆ | ి | ష | డ | బ | ల | ప | ి | ు | ట | చ | ు | ల | ప |
| స | వ | ల | ణ | ఢ | ష | ల | ్ | ీ | ె | హా | ఫ | ు | ి |
| ఉ | ఖ | ు | ్ | అ | ఢ | హా | ల | న | ల | చ | డ | డ | ల |
| మ | ఢ | ఈ | ఈ | ల | ర | ప | బ | ఠ | ు | బ | ధ | ఠ | ్ |
| వ | ద | ద | క | చ | ి | ళ | మ | ష | క | ఖ | గ | బ | ల |
| మ | ౌ | స | ్ | చ | య | ళ | మ | ే | క | ల | ు | ి | చ |
| శ | ధ | ప | గ | ఢ | ం | భ | ధ | ఖ | ధ | య | జ | ఢ | ఈ |
| ల | ద | బ | య | ఫ | క | ా | ల | ర | ్ | శ | ఉ | చ | ణ |
| ప | శ | ు | వ | ై | ద | ్ | య | ు | డ | ు | ఒ | ఢ | ఒ |

పిల్లి
పంజాలు
కాలర్
ఆవు
కుక్క
చేప
ఆహారం
మేక
చిట్టెలుక
పట్టీ

బల్లి
మౌస్
చిలుక
కుక్కపిల్ల
కుందేలు
తోక
తాబేలు
పశువైద్యుడు
నీరు

# 97 - Jazz

| | | | | | | | | | | | | | |
|---|---|---|---|---|---|---|---|---|---|---|---|---|---|
| క | డ | శ | ణ | స | ఆ | య | హా | ఞ | ణ | న | అ | డ | ఆ |
| ధ | ళ | చ | చ | ప | ం | ల | ి | ై | శ | మ | భ | ్ | ర |
| మ | ఊ | ా | త | ా | భ | గ | ్ | డ | శ | ె | ి | ర | ్ |
| ధ | ఠ | ఋ | క | ట | త | స | ీ | బ | ఫ | ౖ | వ | మ | క |
| హా | ం | బ | ఞ | ా | ి | హా | ఫ | త | మ | ట | ృ | ్ | ె |
| ధ | ద | ్ | స | ి | ర | ్ | ప | ా | ం | ్ | ద | స | స |
| జ | జ | గ | వ | ళ | ్ | ు | డ | ప | ఊ | ష | ్ | ్ | ్ |
| ం | ఞ | ధ | డ | ణ | ప | ప | డ | గ | ల | ఇ | ద | ఊ | ట |
| ణ | శ | ధ | మ | ఫ | ఊ | ు | ప | ు | ఋ | జ | ి | ఊ | ్ |
| హా | ద | జ | అ | ప | ్ | ర | భ | ా | వ | ా | ల | ు | ర |
| స | ్ | వ | ర | క | ర | ్ | త | క | ొ | త | ్ | త | ా |
| గ | చ | శ | ల | స | జ | ో | ఫ | బ | డ | త | భ | ఞ | ల |
| డ | ఞ | ల | ు | ర | ు | క | ా | త | గ | ీ | ం | స | ల |
| క | చ | ే | ర | ీ | ట | ె | క | ్ | న | ి | క | ్ | ఊ |

ఆల్బమ్
కళాకారుడు
స్వరకర్త
కూర్పు
కచేరీ
డ్రమ్స్
ప్రసిద్ధ
ఇష్టమైన
అభివృద్ధి
ప్రభావాలు

సంగీతం
సంగీతకారులు
కొత్త
పాత
ఆర్కెస్ట్రా
లయ
పాట
శైలి
ప్రతిభ
టెక్నిక్

# 98 - Nature

| | | | | | | | | | | | | | |
|---|---|---|---|---|---|---|---|---|---|---|---|---|---|
| ప | ర | ్ | వ | త | ా | ల | ు | చ | ఫ | జ | త | ష | ల |
| బ | ల | హ | ఇ | స | ఉ | వ | ట | ఇ | ద | ం | ో | ె | క |
| ధ | అ | భ | య | ా | ర | ణ | ్ | య | ం | త | క | ల | ల |
| అ | హ | ణ | ల | చ | గ | ర | స | య | న | ు | ్ | ్ | స |
| ఠ | డ | ప | స | గ | ఈ | ర | ్ | గ | న | వ | ట | ట | వ |
| జ | ఒ | వ | ొ | ద | క | భ | ర | ఠ | ీ | ు | ి | ర | య |
| స | ధ | ళ | ి | గ | ్ | య | ె | ఒ | మ | ల | క | ్ | డ |
| ల | ు | ఘ | ా | ే | మ | ఈ | ా | భ | ా | ు | ి | ద | న |
| క | గ | ఇ | అ | స | ి | ం | ఫ | ం | ి | ఫ | ్ | ం | ఖ |
| ధ | ీ | త | ఉ | శ | న | ఈ | చ | ణ | హ | ణ | ర | ం | స |
| జ | ణ | ల | ప | ఉ | ై | భ | ల | ు | ు | క | ఆ | అ | డ |
| ఠ | అ | ష | క | ల | డ | మ | ం | ణ | ్ | ష | ఉ | ఫ | త |
| ఫ | న | ి | ర | ్ | మ | ల | మ | ై | న | ఢ | శ | ధ | త |
| ఎ | డ | ా | ర | ి | త | ే | న | ె | ట | ీ | గ | ల | ు |

జంతువులు
ఆర్కిటిక్
అందం
తేనెటీగలు
మేఘాలు
ఎడారి
డైనమిక్
కోత
పొగమంచు
ఆకులు
ఫారెస్ట్
హిమానీనదం
పర్వతాలు
నది
అభయారణ్యం
నిర్మలమైన
షెల్టర్
ఉష్ణమండల
కీలక
అడవి

# 99 - Vacation #2

| | | | | | | | | | | | | | |
|---|---|---|---|---|---|---|---|---|---|---|---|---|---|
| గ | మ | ె | య | ం | ట | మ | అ | ధ | భ | ర | ప | అ | ణ |
| ఖ | త | ణ | డ | ధ | స | ా | ీ | వ | ఖ | ై | ా | ం | డ |
| ధ | య | ళ | య | జ | ణ | ప | క | ల | చ | ల | స | వ | ప |
| ఇ | ప | ట | ం | ప | ం | వ | ీ | ె | ద | ు | ె | ి | ర |
| ఫ | హా | ఠ | స | గ | హా | ు | ఇ | ట | స | ష | ప | మ | ె |
| త | ఉ | ఖ | ఖ | జ | ఢ | ల | ఇ | ో | ఖ | ీ | ో | ా | వ |
| బ | ీ | చ | ె | ఇ | వ | ా | డ | హా | బ | జ | ర | న | త |
| ప | త | ీ | ర | ి | క | స | ర | ే | జ | ణ | ె | ా | ా |
| శ | ె | శ | ీ | ద | ే | ి | వ | గ | ర | ఫ | ట | శ | ల |
| ఢ | శ | ర | డ | డ | ఇ | ఉ | ా | ఢ | హా | ా | ె | ె | ు |
| జ | ఠ | వ | య | ఉ | ఠ | శ | ణ | ఉ | శ | మ | ద | ర | ఉ |
| గ | బ | ష | గ | ా | ళ | ల | ా | ద | ష | ధ | హా | య | ద |
| ఠ | ణ | అ | ఢ | మ | ణ | స | మ | ు | ద | ె | ర | ం | ఈ |
| ళ | ఒ | ట | ె | ర | ా | ం | ట | ా | స | ె | ా | ర | ష |

విమానాశ్రయం
బీచ్
గమ్యం
విదేశీ
సెలవు
హెూటల్
ద్వీపం
ప్రయాణం
తీరిక
పటం
పర్వతాలు
పాస్పోర్ట్
రెస్టారెంట్
సముద్ర
టాక్సీ
డేరా
రైలు
రవాణా
వీసా

# 100 - Electricity

| | | | | | | | | | | | | | |
|---|---|---|---|---|---|---|---|---|---|---|---|---|---|
| వ | అ | త | చ | ద | న | ్ | జ | వ | ి | ల | ి | ె | ట |
| జ | ి | య | ఠ | ీ | బ | ఖ | ా | త | ళ | ధ | య | ష | ఫ |
| ల | న | ద | ల | ప | క | ఢ | ల | న | ి | ల | ్ | వ | ళ |
| హ | ే | ర | ్ | ం | ర | ఒ | ి | ణ | ళ | ళ | ఒ | ణ | హ |
| ళ | డ | జ | ే | య | ద | ధ | క | భ | శ | బ | డ | భ | భ |
| డ | డ | ళ | ర | ట | ు | బ | ్ | య | ా | ట | ర | ీ | ధ |
| అ | ల | ణ | స | ్ | ర | త | ప | ర | ి | మ | ా | ణ | ం |
| డ | ళ | అ | మ | ధ | బ | ్ | ్ | ల | బ | వ | క | ఇ | అ |
| వ | స | ్ | త | ు | వ | ు | ల | ు | మ | జ | ే | చ | న |
| అ | య | స | ్ | క | ా | ం | త | ం | ఢ | ఉ | బ | ణ | ు |
| స | ా | క | ె | ట | ్ | ఢ | డ | ఫ | ఋ | ణ | ు | క | క |
| హ | ధ | ట | ె | ల | ి | ఫ | ో | న | ్ | చ | ల | ఇ | ా |
| త | ీ | గ | ల | ు | హ | ణ | ఖ | ద | త | ఠ | ్ | మ | ల |
| ఎ | ల | క | ్ | ట | ్ | ర | ీ | ష | ి | య | న | ్ | భ |

బ్యాటరి
బల్బ్
కేబుల్
విద్యుత్
ఎలక్ట్రీషియన్
జనరేటర్
దీపం
లేజర్
అయస్కాంతం
ఋణ
జాలిక
వస్తువులు
అనుకూల
పరిమాణం
సాకెట్
నిల్వ
టెలిఫోన్
టెలివిజన్
తీగలు

## 1 - Antiques

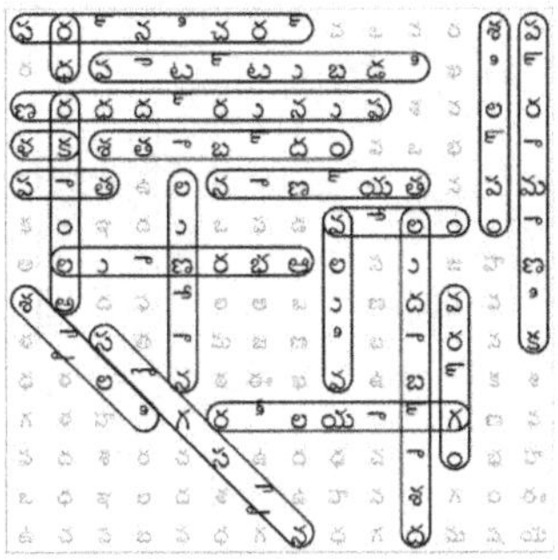

## 2 - Food #1

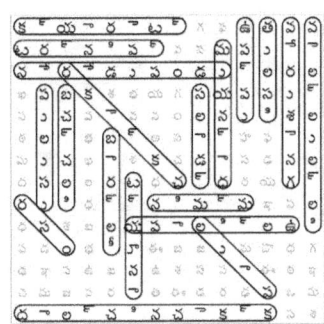

## 3 - Measurements

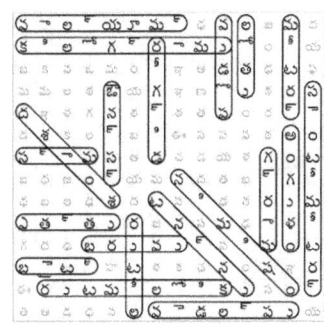

## 4 - Farm #2

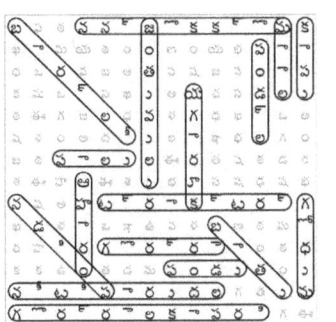

## 5 - Books

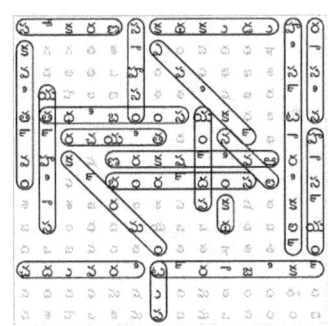

## 6 - Meditation

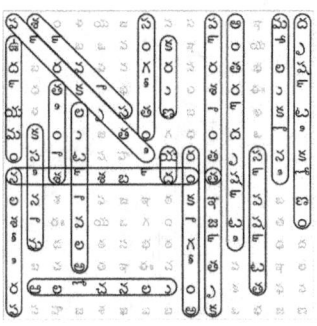

## 7 - Days and Months

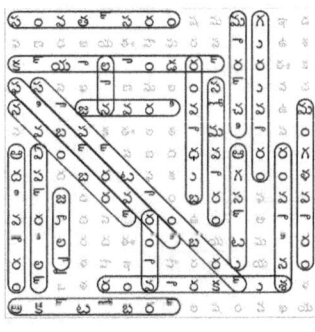

## 8 - Energy

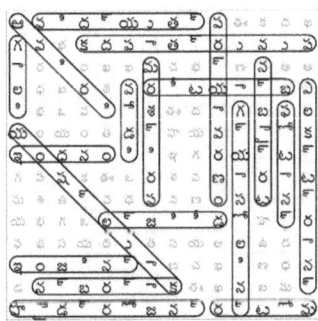

## 9 - Chess

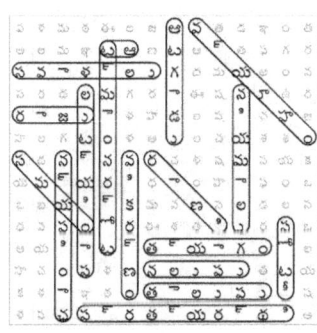

## 10 - Archeology

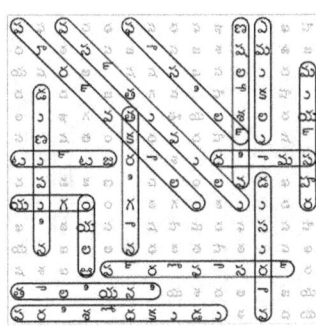

## 11 - Food #2

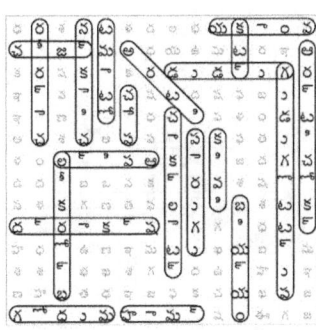

## 12 - Chemistry

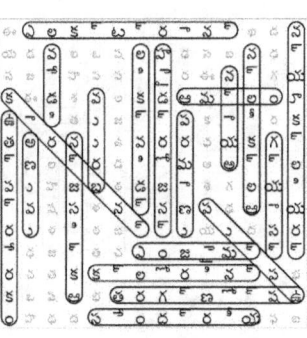

## 13 - Music

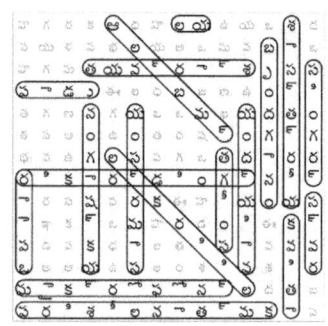

## 14 - Family

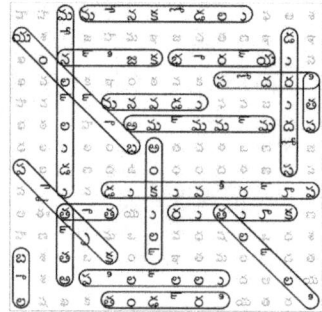

## 15 - Farm #1

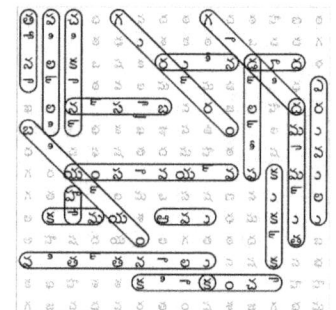

## 16 - Camping

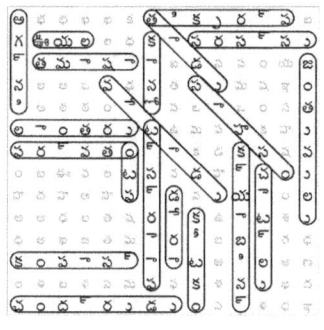

## 17 - Algebra

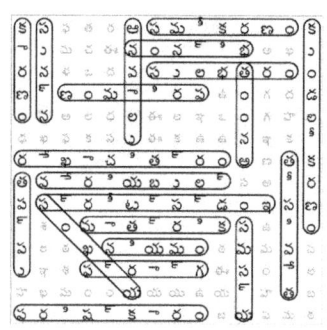

## 18 - Numbers

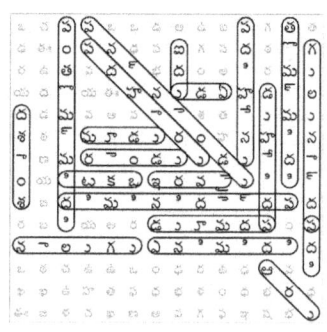

## 19 - Spices

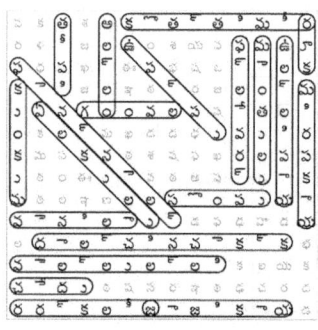

## 20 - Universe

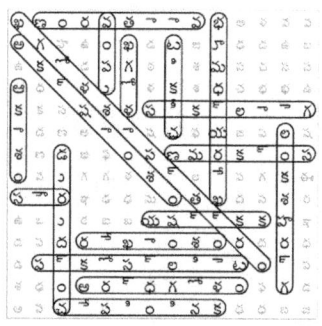

## 21 - Mammals

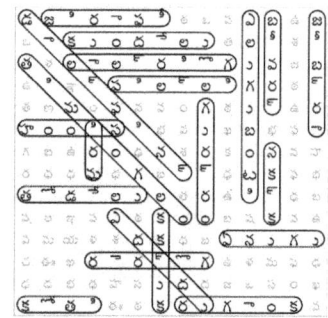

## 22 - Restaurant #1

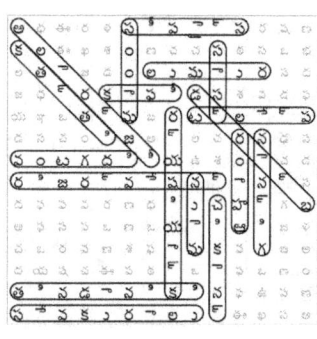

## 23 - Bees

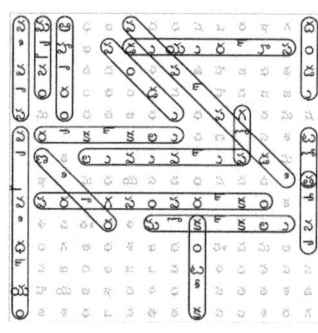

## 24 - Photography

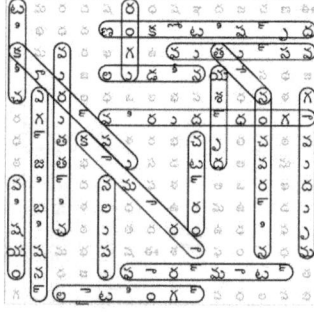

## 25 - Weather

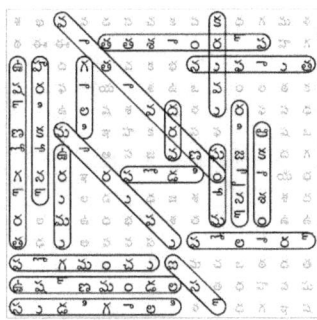

## 26 - Adventure

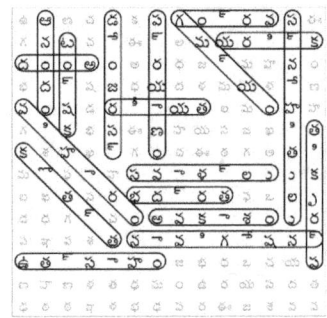

## 27 - Circus

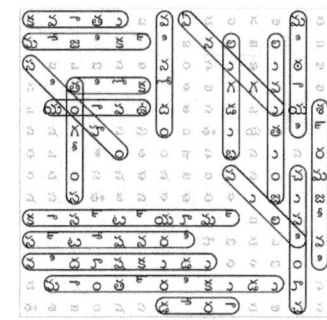

## 28 - Restaurant #2

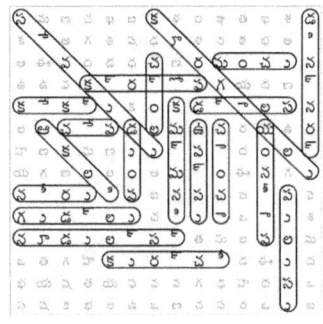

## 29 - Geology

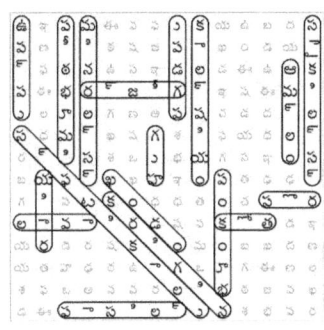

## 30 - House

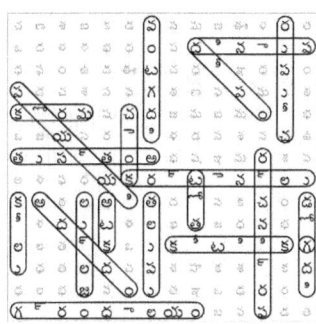

## 31 - Physics

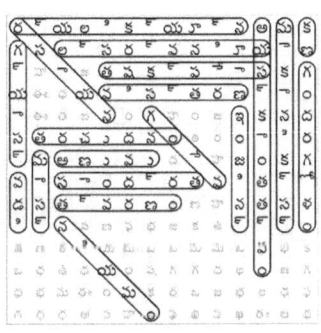

## 32 - Dance

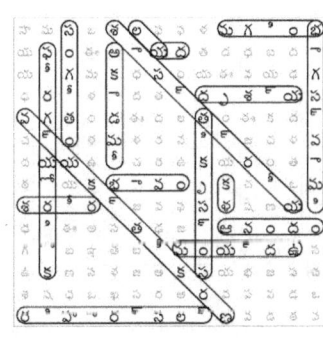

## 33 - Coffee

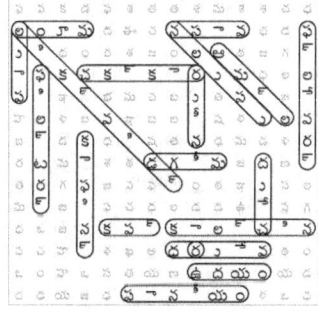

## 34 - Climbing

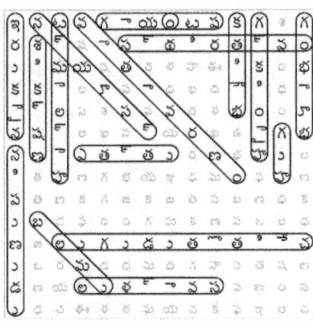

## 35 - Shapes

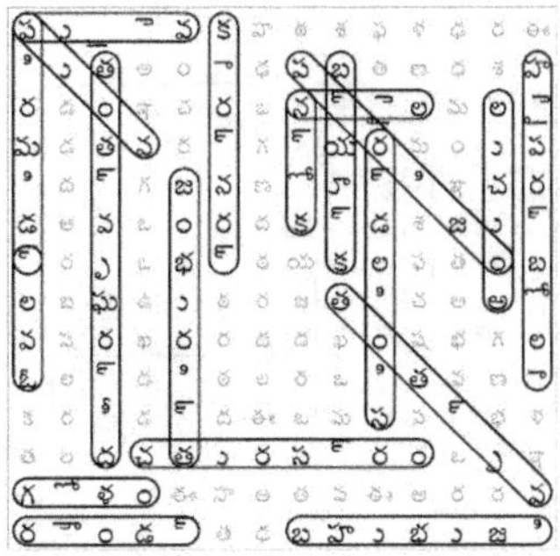

## 36 - Scientific Disciplines

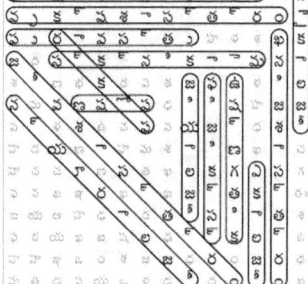

## 37 - Science

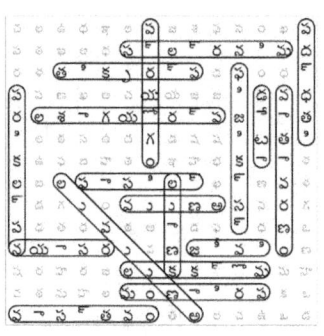

## 38 - Beauty

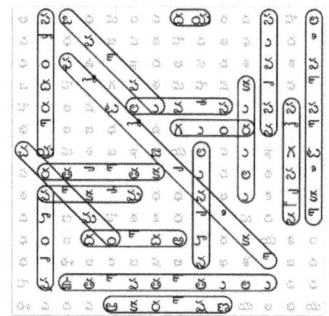

## 39 - Clothes

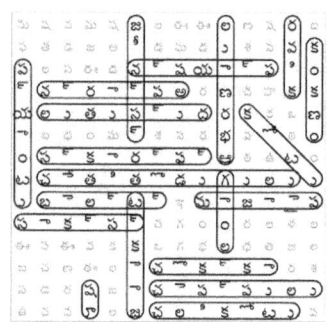

## 40 - Ethics

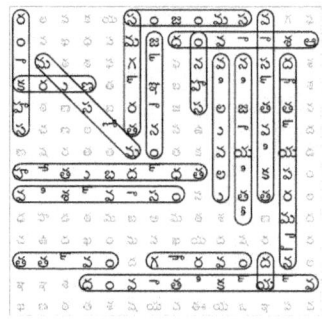

## 41 - Astronomy

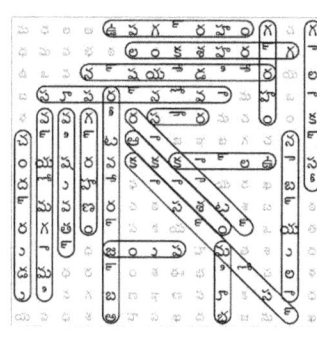

## 42 - Health and Wellness #2

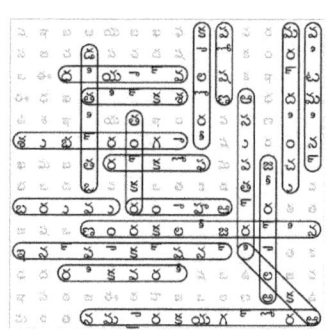

## 43 - Time

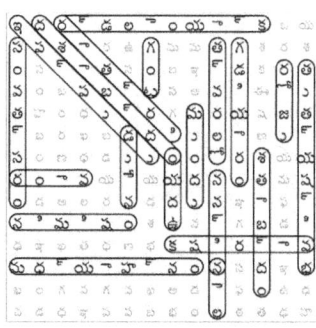

## 44 - Buildings

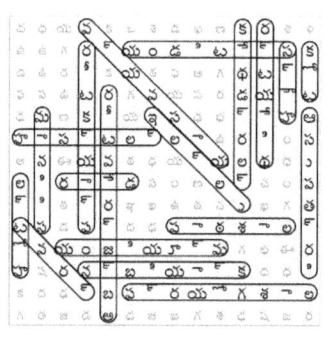

## 45 - Philanthropy

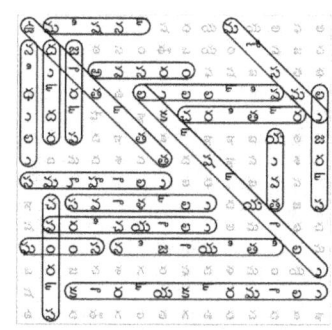

## 46 - Gardening

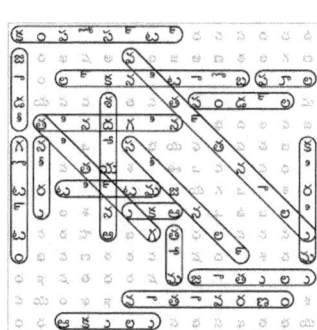

## 47 - Herbalism

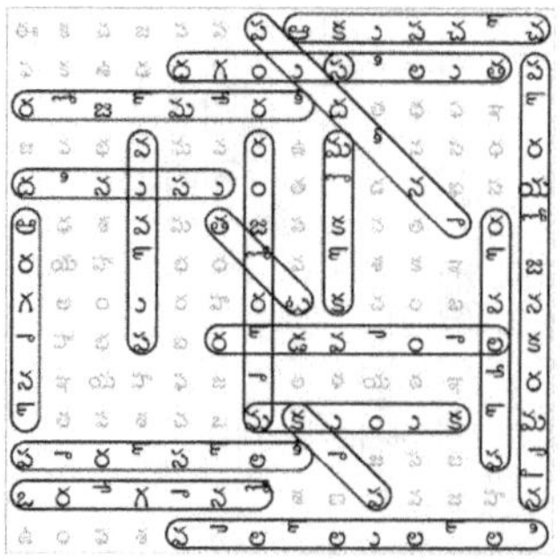

## 48 - Vehicles

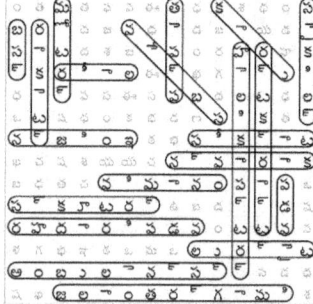

## 49 - Health and Wellness #1

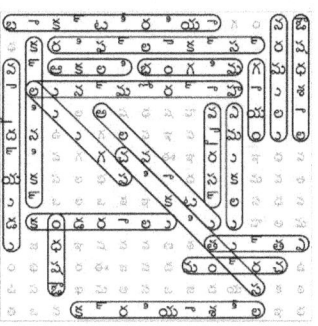

## 50 - Town

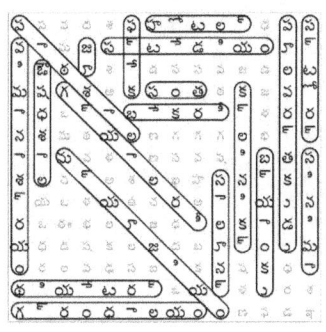

## 51 - Antarctica

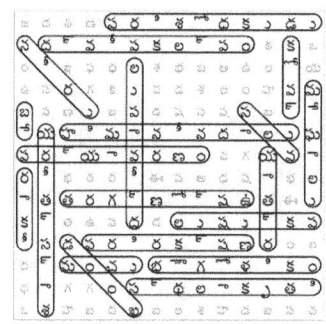

## 52 - Fashion

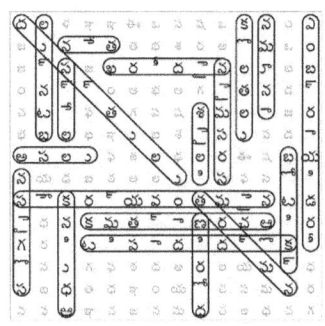

## 53 - Human Body

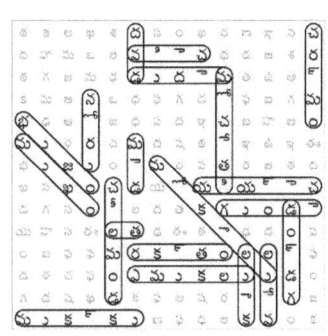

## 54 - Musical Instruments

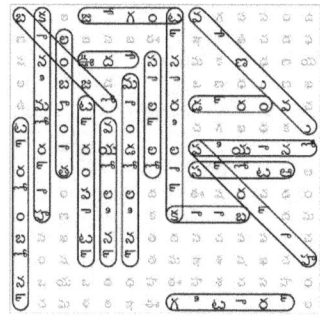

## 55 - Fruit

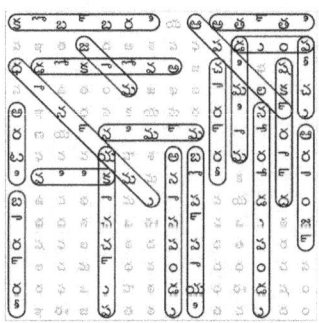

## 56 - Engineering

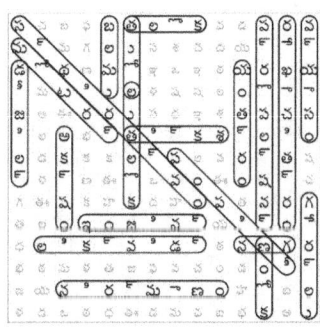

## 57 - Kitchen

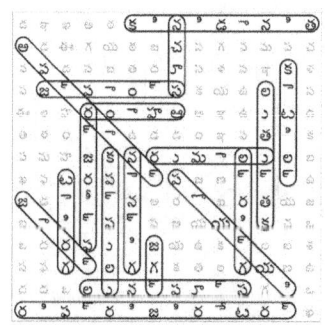

## 58 - Government

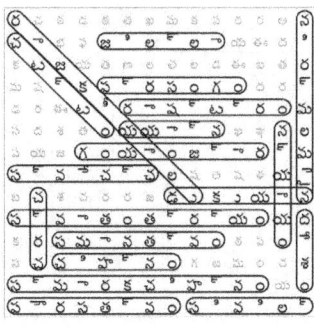

## 59 - Art Supplies

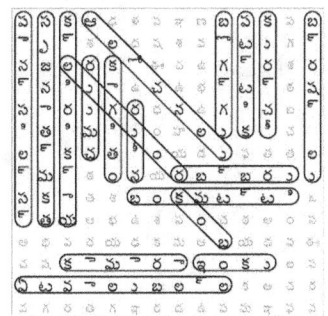

## 60 - Science Fiction

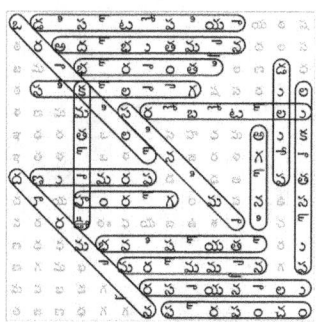

## 61 - Geometry

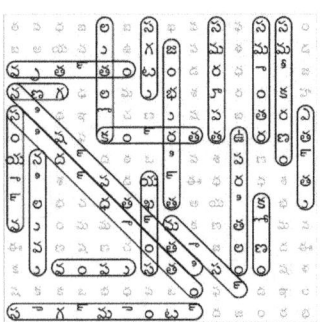

## 62 - Airplanes

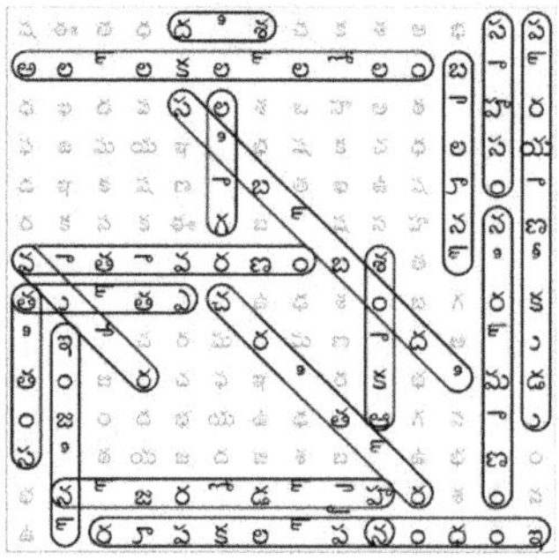

## 63 - Ocean

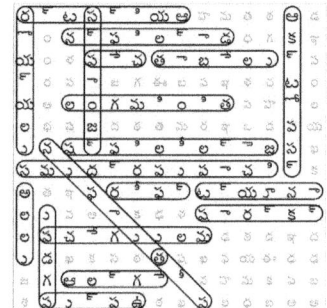

## 64 - Birds

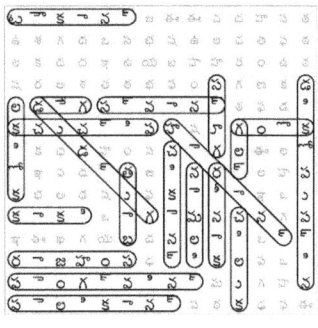

## 65 - Nutrition

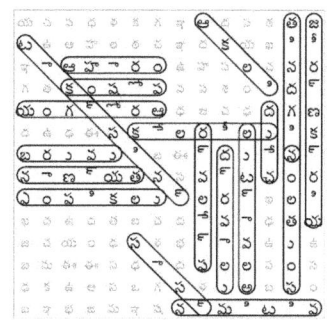

## 66 - Professions #1

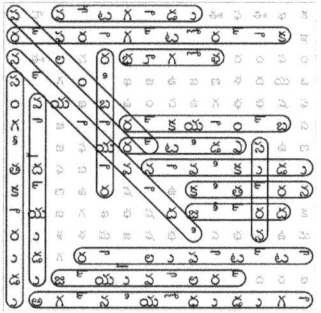

## 67 - Barbecues

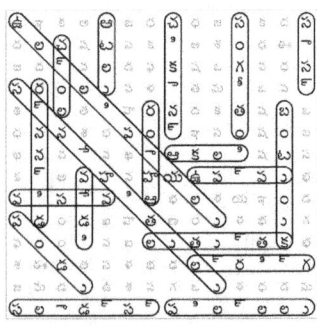

## 68 - Chocolate

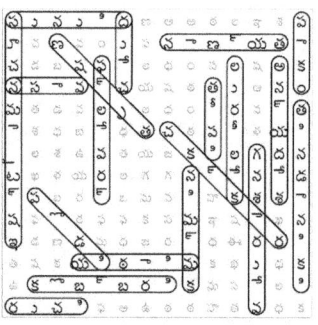

## 69 - Vegetables

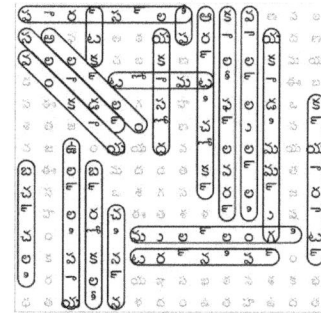

## 70 - The Media

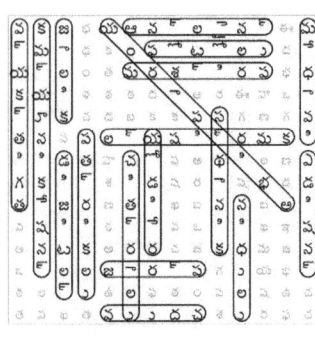

## 71 - Boats

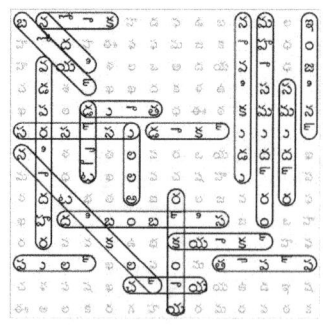

## 72 - Activities and Leisure

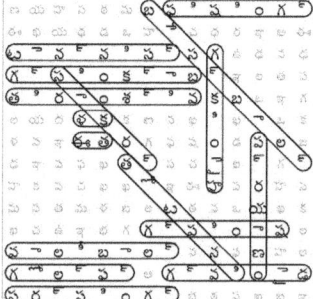

## 73 - Driving

## 74 - Professions #2

## 75 - Mythology

## 76 - Hair Types

## 77 - Garden

## 78 - Diplomacy

## 79 - Countries #1

## 80 - Adjectives #1

## 81 - Rainforest

## 82 - Technology

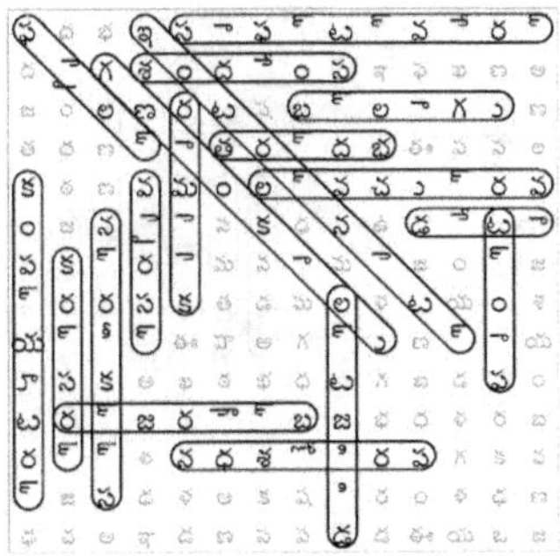

## 83 - Landscapes

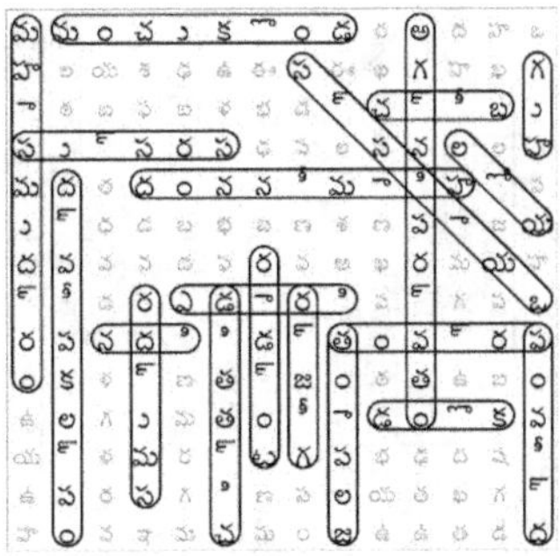

## 84 - Visual Arts

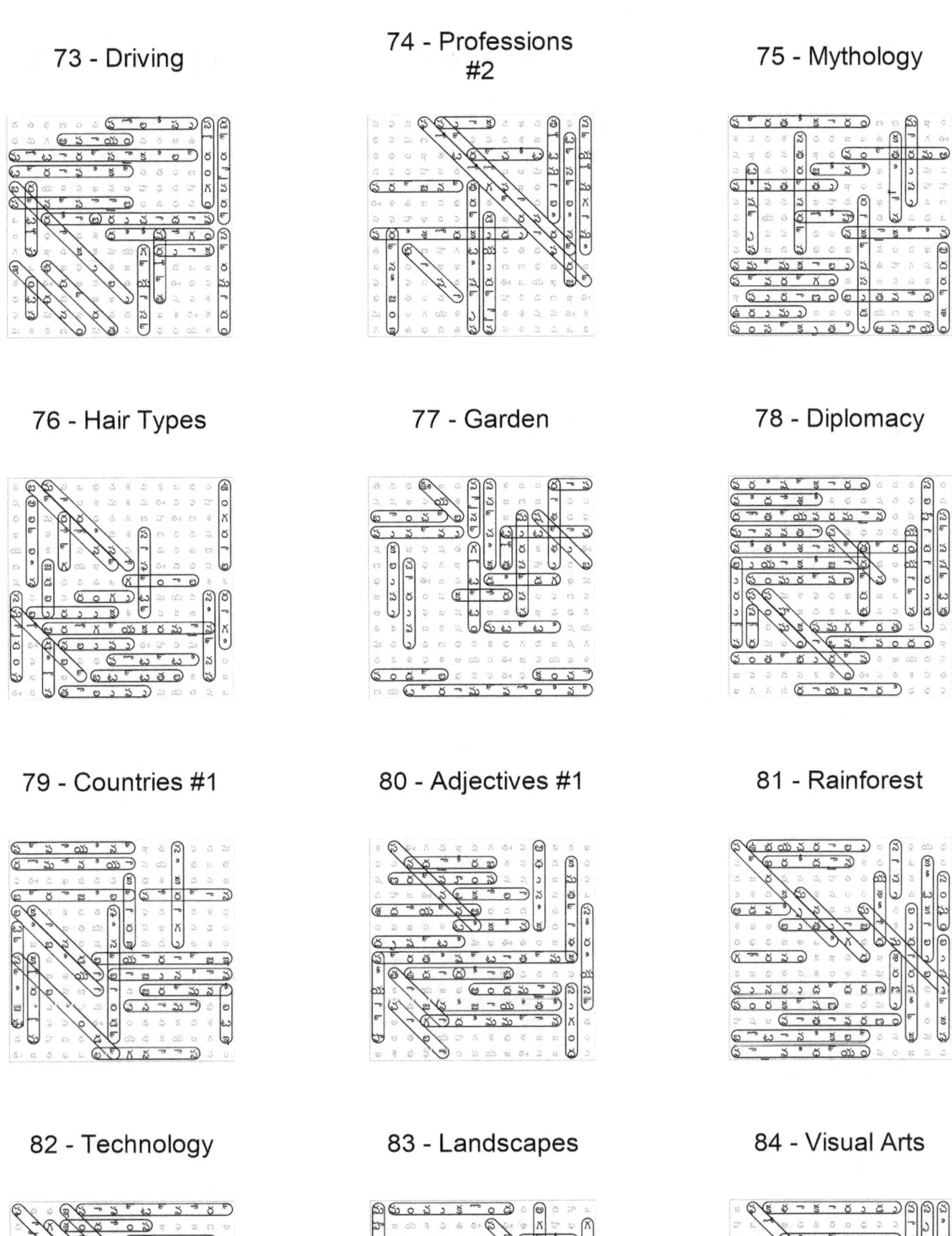

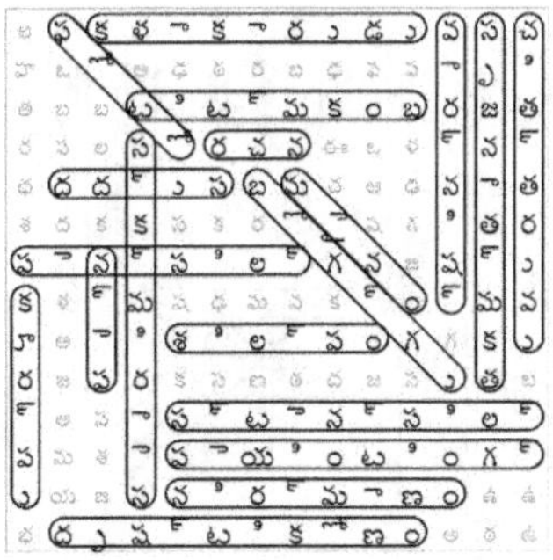

## 85 - Plants

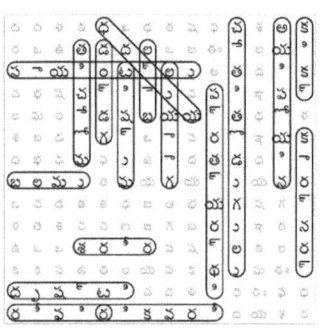

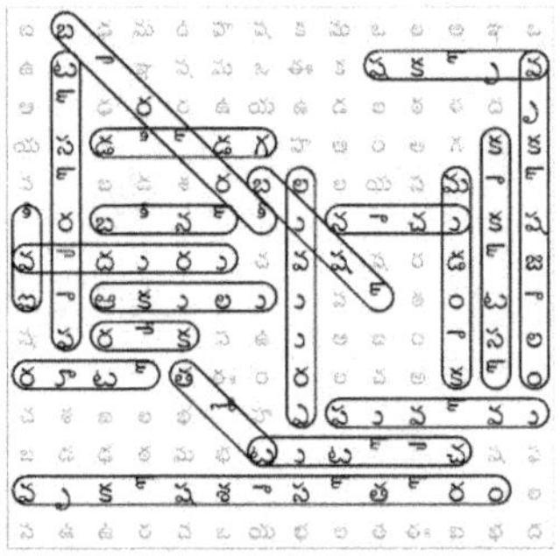

## 86 - Boxing

## 87 - Countries #2

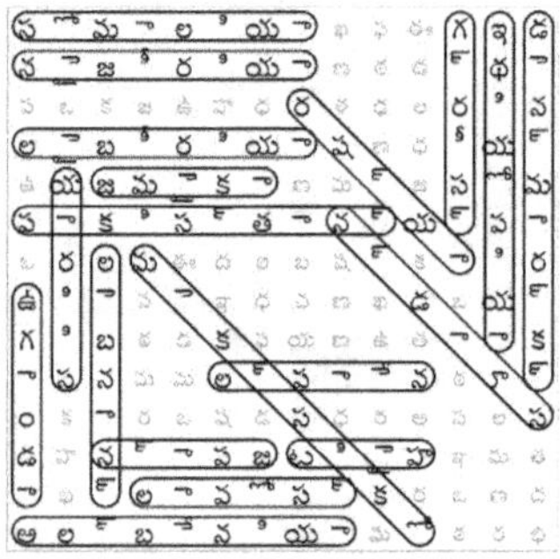

## 88 - Ecology

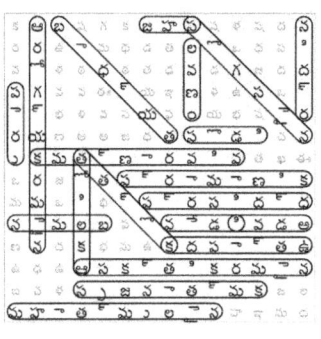

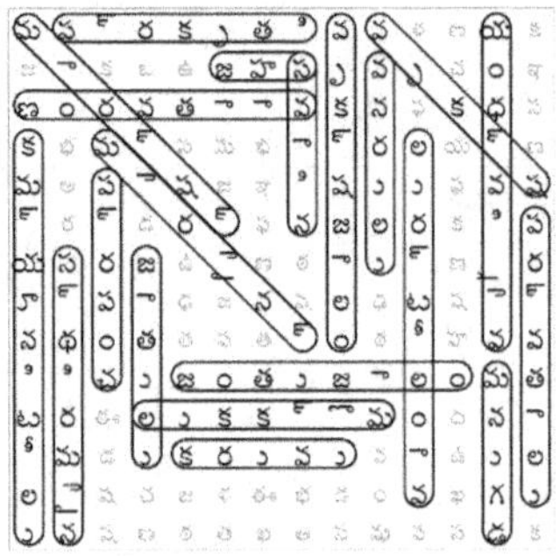

## 89 - Adjectives #2

## 90 - Psychology

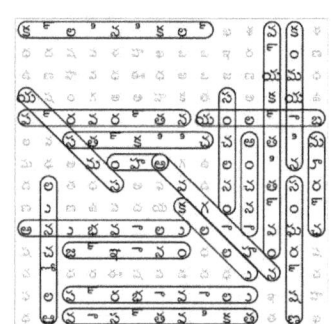

## 91 - Math

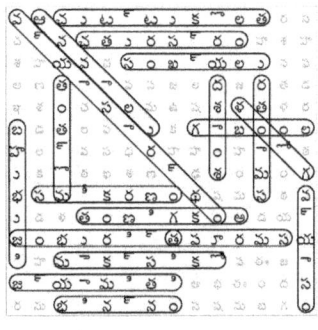

## 92 - Business

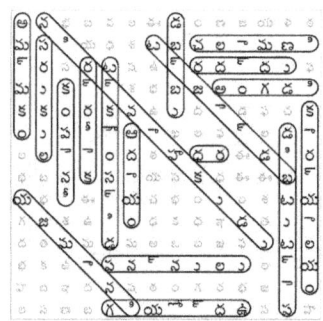

## 93 - The Company

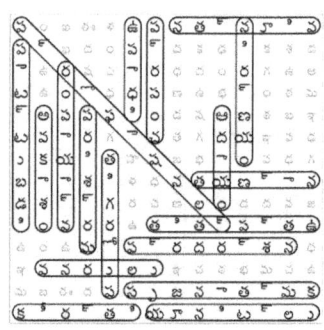

## 94 - Literature

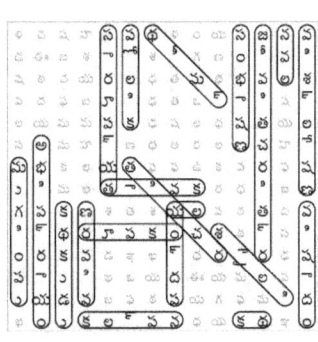

## 95 - Geography

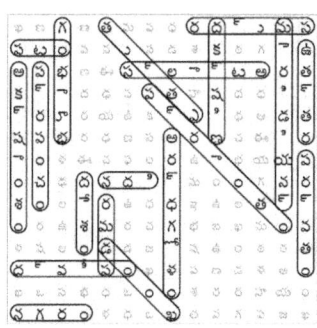

## 96 - Pets

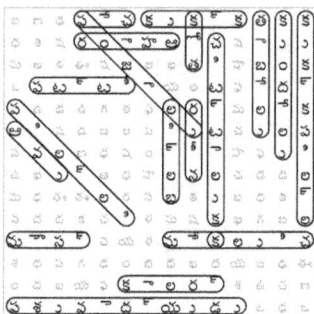

## 97 - Jazz

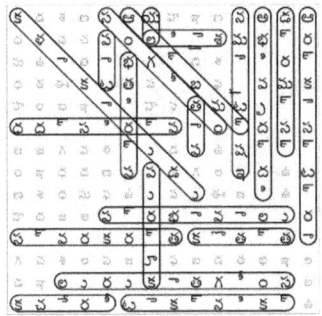

## 98 - Nature

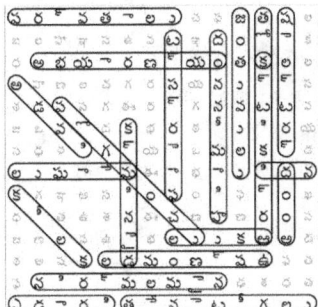

## 99 - Vacation #2

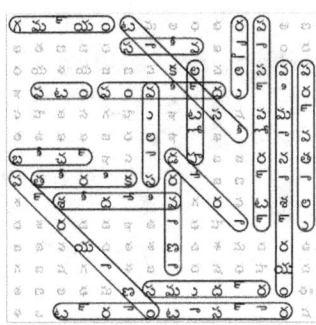

## 100 - Electricity

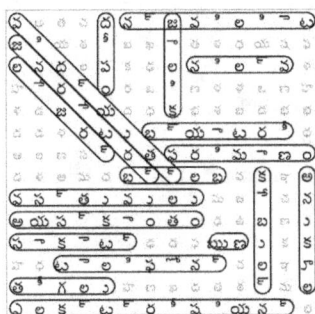

# Dictionary

## *Activities and Leisure*
చర్యలు మరియు విశ్రాంతి

| | |
|---|---|
| **Art** | కళ |
| **Baseball** | బేస్బాల్ |
| **Basketball** | బాస్కెట్బాల్ |
| **Boxing** | బాక్సింగ్ |
| **Diving** | డైవింగ్ |
| **Fishing** | ఫిషింగ్ |
| **Gardening** | తోటపని |
| **Golf** | గోల్ఫ్ |
| **Hiking** | హైకింగ్ |
| **Painting** | పెయింటింగ్ |
| **Relaxing** | విశ్రాంతి |
| **Shopping** | షాపింగ్ |
| **Soccer** | సాకర్ |
| **Surfing** | సర్ఫింగ్ |
| **Swimming** | ఈత |
| **Tennis** | టెన్నిస్ |
| **Travel** | ప్రయాణం |
| **Volleyball** | వాలీబాల్ |

## *Adjectives #1*
విశేషణాలు #1

| | |
|---|---|
| **Absolute** | సంపూర్ణ |
| **Ambitious** | ప్రతిష్టాత్మక |
| **Aromatic** | సుగంధ |
| **Artistic** | కళాత్మక |
| **Beautiful** | అందమైన |
| **Dark** | చీకటి |
| **Exotic** | అన్యదేశ |
| **Generous** | ఉదార |
| **Happy** | హ్యాపీ |
| **Heavy** | భారీ |
| **Helpful** | చాలా |
| **Honest** | నిజాయితీ |
| **Identical** | ఒకేలా |
| **Important** | దృష్టి |
| **Modern** | ఆధునిక |
| **Perfect** | తాజా |
| **Serious** | సీరియస్ |
| **Slow** | నెమ్మదిగా |
| **Thin** | సన్నని |
| **Valuable** | ఖరీదైన |

## *Adjectives #2*
విశేషణాలు #2

| | |
|---|---|
| **Authentic** | ప్రామాణిక |
| **Creative** | సృజనాత్మక |
| **Descriptive** | వివరణాత్మక |
| **Dry** | పొడి |
| **Elegant** | సొగసైన |
| **Famous** | ప్రసిద్ధ |
| **Gifted** | మహాత్ములైన |
| **Healthy** | ఆరోగ్యకరమైన |
| **Hot** | వేడి |
| **Hungry** | ఆకలితో |
| **Interesting** | ఆసక్తికరమైన |
| **Natural** | సహజ |
| **New** | కొత్త |
| **Productive** | ఉత్పాదక |
| **Proud** | పెరు |
| **Responsible** | బాధ్యత |
| **Salty** | లవణం |
| **Sleepy** | నిద్ర |
| **Strong** | బలమైన |
| **Wild** | అడవి |

## *Adventure*
సాహసం

| | |
|---|---|
| **Activity** | క్రియ |
| **Beauty** | అందం |
| **Challenges** | సవాళ్లు |
| **Chance** | అవకాశం |
| **Dangerous** | డేంజరస్ |
| **Destination** | గమ్యం |
| **Difficulty** | కష్టం |
| **Enthusiasm** | ఉత్సాహం |
| **Excursion** | విహారం |
| **Friends** | స్నేహితులు |
| **Itinerary** | ప్రయాణం |
| **Joy** | ఆనందం |
| **Nature** | ప్రకృతి |
| **Navigation** | నావిగేషన్ |
| **New** | కొత్త |
| **Preparation** | తయారీ |
| **Safety** | భద్రత |
| **Unusual** | వర్గం |

## *Airplanes*
విమానాలు

| | |
|---|---|
| **Adventure** | సాహసం |
| **Air** | గాలి |
| **Atmosphere** | వాతావరణం |
| **Balloon** | బెలూన్ |
| **Construction** | నిర్మాణం |
| **Crew** | సిబ్బంది |
| **Descent** | సంతతి |
| **Design** | రూపకల్పన |
| **Direction** | దిశ |
| **Engine** | ఇంజిన్ |
| **Fuel** | ఇంధనం |
| **Height** | ఎత్తు |
| **History** | చరిత్ర |
| **Hydrogen** | హైడ్రోజన్ |
| **Landing** | రేవు |
| **Passenger** | ప్రయాణీకుడు |
| **Sky** | ఆకాశం |
| **Turbulence** | అల్లకల్లోలం |

## *Algebra*
బీజగణితం

| | |
|---|---|
| **Diagram** | రేఖాచిత్రం |
| **Equation** | సమీకరణం |
| **Exponent** | ఆనవాలు |
| **Factor** | కారణం |
| **False** | తప్పు |
| **Formula** | నియమం |
| **Fraction** | భిన్నం |
| **Graph** | గ్రాఫ్ |
| **Infinite** | అనంతం |
| **Linear** | ఇండస్ట్రీస్ |
| **Matrix** | మాత్రిక |
| **Number** | సంఖ్య |
| **Parenthesis** | కుండలీకరణం |
| **Problem** | సమస్య |
| **Quantity** | పరిమాణం |
| **Simplify** | సులభతరం |
| **Solution** | పరిష్కారం |
| **Subtraction** | తీసివేత |
| **Variable** | వేరియబుల్ |
| **Zero** | సున్న |

## *Antarctica*
### అంటార్కిటికా

| | |
|---|---|
| **Bay** | బే |
| **Birds** | పక్షులు |
| **Clouds** | మేఘాలు |
| **Conservation** | పరిరక్షణ |
| **Continent** | ఖండం |
| **Cove** | కోవ్ |
| **Environment** | పర్యావరణం |
| **Expedition** | యాత్ర |
| **Geography** | భౌగోళికం |
| **Glaciers** | హిమానీనదాలు |
| **Ice** | మంచు |
| **Islands** | ద్వీపాలు |
| **Migration** | వలస |
| **Peninsula** | ద్వీపకల్పం |
| **Researcher** | పరిశోధకుడు |
| **Rocky** | రాకీ |
| **Scientific** | శాస్త్రీయ |
| **Temperature** | ఉష్ణోగ్రత |
| **Topography** | స్థలాకృతి |
| **Water** | నీరు |

## *Antiques*
### యాంటిక

| | |
|---|---|
| **Art** | కళ |
| **Auction** | వేలం |
| **Authentic** | ప్రామాణిక |
| **Century** | శతాబ్దం |
| **Coins** | నాణేలు |
| **Decades** | దశాబ్దాలు |
| **Decorative** | అలంకార |
| **Elegant** | సొగసైన |
| **Furniture** | ఫర్నిచర్ |
| **Gallery** | గ్యాలరీ |
| **Investment** | పెట్టుబడి |
| **Jewelry** | ఆభరణాలు |
| **Old** | పాత |
| **Price** | ధర |
| **Quality** | నాణ్యత |
| **Restoration** | పునరుద్ధరణ |
| **Sculpture** | శిల్పం |
| **Style** | శైలి |
| **Unusual** | వర్గం |
| **Value** | విలువ |

## *Archeology*
### ఆర్కియాలజీ

| | |
|---|---|
| **Analysis** | విశ్లేషణ |
| **Antiquity** | పూర్వకాలం |
| **Bones** | ఎముకలు |
| **Civilization** | నాగరికత |
| **Descendant** | వారసుడు |
| **Era** | యుగం |
| **Expert** | నిపుణుడు |
| **Fossil** | ఫాసిల్ |
| **Mystery** | రహస్యము |
| **Objects** | వస్తువులు |
| **Professor** | ప్రొఫెసర్ |
| **Researcher** | పరిశోధకుడు |
| **Team** | జట్టు |
| **Temple** | ఆలయం |
| **Tomb** | సమాధి |
| **Unknown** | తెలియని |
| **Years** | సంవత్సరాలు |

## *Art Supplies*
### ఆర్ట్ సామాగ్రి

| | |
|---|---|
| **Acrylic** | యాక్రిలిక్ |
| **Brushes** | బ్రష్లు |
| **Camera** | కెమెరా |
| **Chair** | కుర్చీ |
| **Charcoal** | బొగ్గు |
| **Clay** | బంకమట్టి |
| **Colors** | రంగులు |
| **Creativity** | సృజనాత్మకత |
| **Easel** | ఏటవాలు బల్ల |
| **Eraser** | రబ్బరు |
| **Glue** | బంక |
| **Ideas** | ఆలోచనలు |
| **Ink** | ఇంకు |
| **Oil** | చమురు |
| **Paper** | కాగితం |
| **Pencils** | పెన్సిల్స్ |
| **Table** | పట్టిక |
| **Water** | నీరు |

## *Astronomy*
### ఖగోళశాస్త్రం

| | |
|---|---|
| **Asteroid** | గ్రహశకలం |
| **Astronaut** | వ్యోమగామి |
| **Constellation** | పుంజ |
| **Cosmos** | కాస్మోస్ |
| **Earth** | భూమి |
| **Eclipse** | గ్రహణం |
| **Equinox** | విషువత్ |
| **Galaxy** | గెలాక్సీ |
| **Meteor** | ఉల్కా |
| **Moon** | చంద్రుడు |
| **Nebula** | నెబ్యులా |
| **Observatory** | అబ్జర్వేటరీ |
| **Planet** | గ్రహం |
| **Radiation** | రేడియేషన్ |
| **Rocket** | రాకెట్ |
| **Satellite** | ఉపగ్రహం |
| **Sky** | ఆకాశం |
| **Solar** | సౌర |
| **Supernova** | సూపర్నోవా |
| **Zodiac** | రాశిచక్రం |

## *Barbecues*
### బార్బెక్యూలు

| | |
|---|---|
| **Chicken** | చికెన్ |
| **Children** | పిల్లలు |
| **Dinner** | డిన్నర్ |
| **Family** | కుటుంబం |
| **Food** | ఆహారం |
| **Friends** | స్నేహితులు |
| **Fruit** | పండు |
| **Games** | ఆటలు |
| **Grill** | గ్రిల్ |
| **Hot** | వేడి |
| **Hunger** | ఆకలి |
| **Knives** | కత్తులు |
| **Lunch** | లంచ్ |
| **Music** | సంగీతం |
| **Onions** | ఉల్లిపాయలు |
| **Salads** | సలాడ్స్ |
| **Salt** | ఉప్పు |
| **Sauce** | సాస్ |
| **Summer** | వేసవి |
| **Vegetables** | కూరగాయలు |

## *Beauty*
అందం

| | |
|---|---|
| **Charm** | ఆకర్షణ |
| **Color** | రంగు |
| **Cosmetics** | సౌందర్య |
| **Curls** | కురులు |
| **Elegance** | ఒప్పు |
| **Elegant** | సొగసైన |
| **Fragrance** | సువాసన |
| **Grace** | దయ |
| **Lipstick** | లిప్స్టిక్ |
| **Makeup** | మేకప్ |
| **Mirror** | అద్దం |
| **Oils** | నూనెలు |
| **Photogenic** | ఫోటోజెనిక్ |
| **Products** | ఉత్పత్తులు |
| **Scissors** | కత్తెర |
| **Services** | సేవలు |
| **Shampoo** | షాంపూ |
| **Skin** | చర్మం |
| **Stylist** | లాక్షణికుడు |

## *Bees*
తేనెటీగలు

| | |
|---|---|
| **Beneficial** | ప్రయోజనకరమైన |
| **Diversity** | వైవిధ్యం |
| **Flowers** | పువ్వులు |
| **Food** | ఆహారం |
| **Fruit** | పండు |
| **Garden** | తోట |
| **Habitat** | నివాస |
| **Honey** | తేనె |
| **Insect** | కీటకం |
| **Plants** | మొక్కలు |
| **Pollen** | పుప్పొడి |
| **Pollinator** | పరాగసంపర్కం |
| **Queen** | రాణి |
| **Smoke** | పొగ |
| **Sun** | సూర్యుడు |
| **Swarm** | దండు |
| **Wax** | మైనం |
| **Wings** | రెక్కలు |

## *Birds*
పక్షులు

| | |
|---|---|
| **Canary** | కానరీ |
| **Chicken** | చికెన్ |
| **Crow** | కాకి |
| **Cuckoo** | కోకిల |
| **Duck** | బాతు |
| **Eagle** | డేగ |
| **Egg** | గుడ్డు |
| **Flamingo** | రాజహంస |
| **Goose** | గూస్ |
| **Gull** | గల్ |
| **Heron** | హెరాన్ |
| **Ostrich** | నిప్పుకోడి |
| **Parrot** | చిలుక |
| **Peacock** | నెమలి |
| **Pelican** | పెలికాన్ |
| **Penguin** | పెంగ్విన్ |
| **Sparrow** | పిచ్చుక |
| **Stork** | కొంగ |
| **Swan** | స్వాన్ |
| **Toucan** | టూకాన్ |

## *Boats*
పడవలు

| | |
|---|---|
| **Anchor** | యాంకర్ |
| **Buoy** | బోయ్ |
| **Canoe** | కానో |
| **Crew** | సిబ్బంది |
| **Dock** | డాక్ |
| **Engine** | ఇంజిన్ |
| **Ferry** | రహదారి పడవ |
| **Kayak** | కయాక్ |
| **Lake** | సరస్సు |
| **Mast** | మల్ |
| **Nautical** | నాటికల్ |
| **Ocean** | మహాసముద్రం |
| **Raft** | తెప్ప |
| **River** | నది |
| **Rope** | తాడు |
| **Sailor** | నావికుడు |
| **Sea** | సముద్ర |
| **Tide** | టైడ్ |
| **Waves** | అలలు |
| **Yacht** | యాచ్ |

## *Books*
పుస్తకాలు

| | |
|---|---|
| **Adventure** | సాహసం |
| **Author** | రచయిత |
| **Collection** | సేకరణ |
| **Context** | సందర్భం |
| **Epic** | ఎపిక్ |
| **Historical** | హిస్టారికల్ |
| **Humorous** | హాస్యం |
| **Inventive** | ఆవిష్కరణ |
| **Literary** | సాహిత్య |
| **Narrator** | కథకుడు |
| **Novel** | నవల |
| **Page** | పుట |
| **Poem** | పద్యం |
| **Poetry** | కవిత్వం |
| **Reader** | చదువరి |
| **Relevant** | సంబంధిత |
| **Series** | క్రమం |
| **Story** | కథ |
| **Tragic** | ట్రాజిక్ |
| **Written** | రాసిన |

## *Boxing*
బాక్సింగ్

| | |
|---|---|
| **Bell** | బెల్ |
| **Body** | శరీర |
| **Chin** | గడ్డం |
| **Corner** | కార్నర్ |
| **Elbow** | మోచేతి |
| **Exhausted** | అయిపోయిన |
| **Fighter** | యుద్ధ |
| **Fist** | ముష్టి |
| **Focus** | దృష్టి |
| **Gloves** | చేతి తొడుగులు |
| **Injuries** | గాయాలు |
| **Kick** | కిక్ |
| **Opponent** | ప్రత్యర్థి |
| **Points** | పాయింట్లు |
| **Recovery** | రికవరీ |
| **Referee** | రిఫరీ |
| **Strength** | బలము |

## *Buildings*
భవనాలు

| | |
|---|---|
| **Apartment** | హౌస్ |
| **Cabin** | క్యాబిన్ |
| **Castle** | కోట |
| **Cathedral** | కేథడ్రల్ |
| **Cinema** | సినిమా |
| **Factory** | ఫ్యాక్టరీ |
| **Farm** | వ్యవసాయ |
| **Hospital** | ఆసుపత్రి |
| **Hostel** | హాస్టల్ |
| **Hotel** | హోటల్ |
| **House** | ఇల్లు |
| **Laboratory** | ప్రయోగశాల |
| **Museum** | మ్యూజియం |
| **Observatory** | అబ్జర్వేటరీ |
| **School** | పాఠశాల |
| **Stadium** | స్టేడియం |
| **Tent** | డేరా |
| **Theater** | థియేటర్ |
| **Tower** | టవర్ |
| **Workshop** | వర్క్‌షాప్ |

## *Business*
వ్యాపారం

| | |
|---|---|
| **Budget** | బడ్జెట్ |
| **Career** | కెరీర్ |
| **Company** | కంపెనీ |
| **Cost** | ధర |
| **Currency** | చలామణి |
| **Discount** | డిస్కౌంట్ |
| **Economics** | ఎకనామిక్స్ |
| **Employee** | ఉద్యోగి |
| **Employer** | యజమాని |
| **Factory** | ఫ్యాక్టరీ |
| **Finance** | రద్దు |
| **Income** | ఆదాయం |
| **Investment** | పెట్టుబడి |
| **Manager** | నిర్వాహకుడు |
| **Merchandise** | సరుకుల |
| **Money** | డబ్బు |
| **Office** | కార్యాలయం |
| **Sale** | అమ్మకం |
| **Shop** | అంగడి |
| **Taxes** | పన్నులు |

## *Camping*
శిబిరాలకు

| | |
|---|---|
| **Adventure** | సాహసం |
| **Animals** | జంతువులు |
| **Cabin** | క్యాబిన్ |
| **Canoe** | కానో |
| **Compass** | కంపాస్ |
| **Fire** | అగ్ని |
| **Forest** | ఫారెస్ట్ |
| **Fun** | తమాషా |
| **Hammock** | ఊయల |
| **Hunting** | వేటాడు |
| **Insect** | కీటకం |
| **Lake** | సరస్సు |
| **Lantern** | లాంతరు |
| **Map** | పటం |
| **Moon** | చంద్రుడు |
| **Mountain** | పర్వతం |
| **Nature** | ప్రకృతి |
| **Rope** | తాడు |
| **Tent** | డేరా |
| **Trees** | చెట్లు |

## *Chemistry*
కెమిస్ట్రీ

| | |
|---|---|
| **Acid** | ఆమ్లం |
| **Alkaline** | ఆల్కలీన్ |
| **Atomic** | పరమాణు |
| **Carbon** | కార్బన్ |
| **Catalyst** | ఉత్ప్రేరకం |
| **Chlorine** | క్లోరిన్ |
| **Electron** | ఎలక్ట్రాన్ |
| **Enzyme** | ఎంజైమ్ |
| **Gas** | గ్యాస్ |
| **Heat** | వేడి |
| **Hydrogen** | హైడ్రోజన్ |
| **Ion** | అయాన్ |
| **Liquid** | లిక్విడ్ |
| **Molecule** | అణువు |
| **Nuclear** | న్యూక్లియర్ |
| **Organic** | సేంద్రీయ |
| **Oxygen** | ఆక్సిజన్ |
| **Salt** | ఉప్పు |
| **Temperature** | ఉష్ణోగ్రత |
| **Weight** | బరువు |

## *Chess*
చదరంగం

| | |
|---|---|
| **Black** | నలుపు |
| **Challenges** | సవాళ్లు |
| **Champion** | ఛాంపియన్ |
| **Contest** | పోటీ |
| **Diagonal** | వికర్ణం |
| **Game** | ఆట |
| **King** | రాజు |
| **Opponent** | ప్రత్యర్థి |
| **Player** | ఆటగాడు |
| **Points** | పాయింట్లు |
| **Queen** | రాణి |
| **Rules** | నియమాలు |
| **Sacrifice** | త్యాగం |
| **Strategy** | వ్యూహం |
| **Time** | సమయం |
| **Tournament** | టోర్నమెంట్ |
| **White** | తెలుపు |

## *Chocolate*
చాక్లెట్

| | |
|---|---|
| **Aroma** | వాసన |
| **Bitter** | చేదు |
| **Calories** | కేలరీలు |
| **Candy** | మిఠాయి |
| **Caramel** | పాకం |
| **Coconut** | కొబ్బరి |
| **Craving** | తృష్ణ |
| **Delicious** | కమ్మని |
| **Exotic** | అన్యదేశ |
| **Favorite** | ఇష్టమైన |
| **Flavor** | ఫ్లేవర్ |
| **Ingredient** | దినుసు |
| **Peanuts** | వేరుశెనగ |
| **Powder** | పొడి |
| **Quality** | నాణ్యత |
| **Recipe** | సూచన |
| **Sugar** | చక్కెర |
| **Sweet** | తీపి |
| **Taste** | రుచి |
| **To Eat** | తినడానికి |

## *Circus*
సర్కస్

| | |
|---|---|
| **Acrobat** | శ్రమజీవి |
| **Animals** | జంతువులు |
| **Balloons** | బుడగలు |
| **Candy** | మిఠాయి |
| **Clown** | విదూషకుడు |
| **Costume** | కాస్ట్యూమ్ |
| **Elephant** | ఏనుగు |
| **Entertain** | వినోదం |
| **Juggler** | స్టేషనరీ |
| **Lion** | సింహం |
| **Magic** | మేజిక్ |
| **Magician** | మాంత్రికుడు |
| **Monkey** | కోతి |
| **Music** | సంగీతం |
| **Parade** | కవాతు |
| **Show** | చూపించు |
| **Spectator** | ప్రేక్షకుడు |
| **Tent** | డేరా |
| **Tiger** | పులి |
| **Trick** | ఉపాయం |

## *Climbing*
పాకే

| | |
|---|---|
| **Altitude** | ఎత్తు |
| **Atmosphere** | వాతావరణం |
| **Cave** | గుహ |
| **Challenges** | సవాళ్లు |
| **Curiosity** | న్యూస్ |
| **Expert** | నిపుణుడు |
| **Gloves** | చేతి తొడుగులు |
| **Helmet** | హెల్మెట్ |
| **Hiking** | హైకింగ్ |
| **Injury** | గాయం |
| **Map** | పటం |
| **Narrow** | ఇరుకైన |
| **Physical** | భౌతిక |
| **Stability** | స్థిరత్వం |
| **Strength** | బలము |
| **Terrain** | భూభాగం |
| **Training** | శిక్షణ |

## *Clothes*
బట్టలు

| | |
|---|---|
| **Apron** | అప్రాన్ |
| **Belt** | బెల్ట్ |
| **Blouse** | రవిక |
| **Bracelet** | కంకణం |
| **Coat** | కోటు |
| **Dress** | దుస్తులు |
| **Fashion** | ఫ్యాషన్ |
| **Gloves** | చేతి తొడుగులు |
| **Jacket** | జాకెట్ |
| **Jeans** | జీన్స్ |
| **Jewelry** | ఆభరణాలు |
| **Pajamas** | పైజామా |
| **Pants** | ప్యాంటు |
| **Sandals** | చెప్పులు |
| **Scarf** | స్కార్ఫ్ |
| **Shirt** | చొక్కా |
| **Shoe** | షూ |
| **Skirt** | లంగా |
| **Socks** | సాక్స్ |
| **Sweater** | చలి కోటు |

## *Coffee*
కాఫీ

| | |
|---|---|
| **Acidic** | ఆమ్ల |
| **Aroma** | వాసన |
| **Beverage** | పానీయం |
| **Bitter** | చేదు |
| **Black** | నలుపు |
| **Caffeine** | కెఫిన్ |
| **Cream** | మీగడ |
| **Cup** | కప్ |
| **Filter** | ఫిల్టర్ |
| **Flavor** | ఫ్లేవర్ |
| **Grind** | వేరు |
| **Liquid** | లిక్విడ్ |
| **Milk** | పాలు |
| **Morning** | ఉదయం |
| **Origin** | మూలం |
| **Price** | ధర |
| **Roasted** | కాల్చిన |
| **Sugar** | చక్కెర |
| **Water** | నీరు |

## *Countries #1*
దేశాలు #1

| | |
|---|---|
| **Brazil** | బ్రెజిల్ |
| **Canada** | కెనడా |
| **Egypt** | ఈజిప్ట్ |
| **Finland** | ఫిన్లాండ్ |
| **Germany** | జర్మనీ |
| **Iraq** | ఇరాక్ |
| **Israel** | ఇజ్రాయెల్ |
| **Italy** | ఇటలీ |
| **Latvia** | లాట్వియా |
| **Libya** | లిబియా |
| **Morocco** | మొరాకో |
| **Nicaragua** | నికరాగు |
| **Norway** | నార్వే |
| **Panama** | పనామా |
| **Poland** | పోలాండ్ |
| **Romania** | రొమేనియా |
| **Senegal** | సెనెగల్ |
| **Spain** | స్పెయిన్ |
| **Venezuela** | వెనిజులా |
| **Vietnam** | వియత్నాం |

## *Countries #2*
దేశాలు #2

| | |
|---|---|
| **Albania** | అల్బేనియా |
| **Denmark** | డెన్మార్క్ |
| **Ethiopia** | ఇథియోపియా |
| **Greece** | గ్రీస్ |
| **Haiti** | హైటి |
| **Jamaica** | జమైకా |
| **Japan** | జపాన్ |
| **Laos** | లావోస్ |
| **Lebanon** | లెబనాన్ |
| **Liberia** | లైబీరియా |
| **Mexico** | మెక్సికో |
| **Nepal** | నేపాల్ |
| **Nigeria** | నైజీరియా |
| **Pakistan** | పాకిస్తాన్ |
| **Russia** | రష్యా |
| **Somalia** | సోమాలియా |
| **Sudan** | సూడాన్ |
| **Syria** | సిరియా |
| **Uganda** | ఉగాండా |
| **Ukraine** | ఉక్రెయిన్ |

## *Dance*
## నృత్యం

| | |
|---|---|
| **Academy** | అకాడమీ |
| **Art** | కళ |
| **Body** | శరీర |
| **Choreography** | కొరియోగ్రఫీ |
| **Classical** | శాస్త్రీయ |
| **Cultural** | సాంస్కృతిక |
| **Culture** | సంస్కృతి |
| **Emotion** | భావం |
| **Expressive** | వ్యక్తీకరణ |
| **Grace** | దయ |
| **Joyful** | ఆనందం |
| **Movement** | ఉద్యమం |
| **Music** | సంగీతం |
| **Partner** | భాగస్వామి |
| **Posture** | భంగిమ |
| **Rehearsal** | రిహార్సల్ |
| **Rhythm** | లయ |
| **Visual** | దృశ్య |

## *Days and Months*
## రోజులు మరియు నెలలు

| | |
|---|---|
| **April** | ఏప్రిల్ |
| **August** | ఆగస్టు |
| **Calendar** | క్యాలెండర్ |
| **February** | ఫిబ్రవరి |
| **Friday** | శుక్రవారం |
| **January** | జనవరి |
| **July** | జూలై |
| **March** | మార్చి |
| **Monday** | సోమవారం |
| **Month** | నెల |
| **November** | నవంబర్ |
| **October** | అక్టోబర్ |
| **Saturday** | శనివారం |
| **September** | సెప్టెంబర్ |
| **Sunday** | ఆదివారం |
| **Thursday** | గురువారం |
| **Tuesday** | మంగళవారం |
| **Wednesday** | బుధవారం |
| **Week** | వారం |
| **Year** | సంవత్సరం |

## *Diplomacy*
## దౌత్యం

| | |
|---|---|
| **Adviser** | సలహాదారుడు |
| **Ambassador** | రాయబారి |
| **Citizens** | పౌరులు |
| **Civic** | పౌర |
| **Community** | సంఘం |
| **Conflict** | సంఘర్షణ |
| **Cooperation** | సహకారం |
| **Diplomatic** | దౌత్యపరమైన |
| **Discussion** | చర్చ |
| **Ethics** | నీతిశాస్త్రం |
| **Foreign** | విదేశీ |
| **Government** | ప్రభుత్వం |
| **Humanitarian** | మానవతా |
| **Integrity** | సమగ్రత |
| **Justice** | న్యాయం |
| **Politics** | రాజకీయాలు |
| **Resolution** | స్పష్టత |
| **Security** | భద్రత |
| **Solution** | పరిష్కారం |
| **Treaty** | ఒప్పందం |

## *Driving*
## డ్రైవింగ్

| | |
|---|---|
| **Accident** | ప్రమాదం |
| **Brakes** | బ్రేకులు |
| **Car** | కారు |
| **Danger** | అపాయం |
| **Driver** | డ్రైవర్ |
| **Fuel** | ఇంధనం |
| **Gas** | గ్యాస్ |
| **License** | లైసెన్స్ |
| **Map** | పటం |
| **Motor** | మోటర్ |
| **Motorcycle** | మోటార్ సైకిల్ |
| **Pedestrian** | పాదచారుల |
| **Police** | పోలీసు |
| **Road** | త్రోవ |
| **Safety** | భద్రత |
| **Speed** | వేగం |
| **Street** | వీధి |
| **Traffic** | ట్రాఫిక్ |
| **Truck** | లారీ |
| **Tunnel** | సొరంగం |

## *Ecology*
## జీవావరణ శాస్త్రం

| | |
|---|---|
| **Climate** | వాతావరణం |
| **Communities** | కమ్యూనిటీలు |
| **Diversity** | వైవిధ్యం |
| **Drought** | కరువు |
| **Fauna** | జంతుజాలం |
| **Flora** | వృక్షజాలం |
| **Global** | ప్రపంచ |
| **Habitat** | నివాస |
| **Marine** | మెరైన్ |
| **Marsh** | మార్ష్ |
| **Mountains** | పర్వతాలు |
| **Natural** | సహజ |
| **Nature** | ప్రకృతి |
| **Plants** | మొక్కలు |
| **Resources** | వనరులు |
| **Species** | జాతులు |
| **Survival** | మనుగడ |
| **Sustainable** | స్థిరమైన |
| **Vegetation** | వృక్ష |
| **Volunteers** | వాలంటీర్లు |

## *Electricity*
## విద్యుత్

| | |
|---|---|
| **Battery** | బ్యాటరీ |
| **Bulb** | బల్బ్ |
| **Cable** | కేబుల్ |
| **Electric** | విద్యుత్ |
| **Electrician** | ఎలక్ట్రీషియన్ |
| **Generator** | జనరేటర్ |
| **Lamp** | దీపం |
| **Laser** | లేజర్ |
| **Magnet** | అయస్కాంతం |
| **Negative** | ఋణ |
| **Network** | జాలిక |
| **Objects** | వస్తువులు |
| **Positive** | అనుకూల |
| **Quantity** | పరిమాణం |
| **Socket** | సాకెట్ |
| **Storage** | నిల్వ |
| **Telephone** | టెలిఫోన్ |
| **Television** | టెలివిజన్ |
| **Wires** | తీగలు |

## *Energy*
శక్తి

| | |
|---|---|
| Battery | బ్యాటరీ |
| Carbon | కార్బన్ |
| Diesel | డీజిల్ |
| Electric | విద్యుత్ |
| Electron | ఎలక్ట్రాన్ |
| Engine | ఇంజిన్ |
| Environment | పర్యావరణం |
| Fuel | ఇంధనం |
| Gasoline | గ్యాసోలిన్ |
| Heat | వేడి |
| Hydrogen | హైడ్రోజన్ |
| Industry | పరిశ్రమ |
| Motor | మోటర్ |
| Nuclear | న్యూక్లియర్ |
| Photon | ఫోటాన్ |
| Pollution | కాలుష్యం |
| Renewable | పునరుత్పాదక |
| Steam | ఆవిరి |
| Turbine | టర్బైన్ |
| Wind | గాలి |

## *Engineering*
ఇంజనీరింగ్

| | |
|---|---|
| Angle | కోణం |
| Axis | అక్షం |
| Calculation | గణన |
| Construction | నిర్మాణం |
| Depth | లోతు |
| Diagram | రేఖాచిత్రం |
| Diameter | వ్యాసం |
| Diesel | డీజిల్ |
| Dimensions | కొలతలు |
| Distribution | పంపిణీ |
| Energy | శక్తి |
| Engine | ఇంజిన్ |
| Gears | గేర్లు |
| Liquid | లిక్విడ్ |
| Machine | యంత్రం |
| Measurement | కొలత |
| Motor | మోటర్ |
| Propulsion | ప్రొపల్షన్ |
| Stability | స్థిరత్వం |
| Strength | బలము |

## *Ethics*
ఎథిక్స్

| | |
|---|---|
| Altruism | విశ్వాసం |
| Compassion | కరుణ |
| Cooperation | సహకారం |
| Dignity | గౌరవం |
| Diplomatic | దౌత్యపరమైన |
| Honesty | నిజాయితీ |
| Humanity | మోసము |
| Individualism | వ్యక్తివాదం |
| Integrity | సమగ్రత |
| Kindness | దయ |
| Optimism | ఆశావాదం |
| Patience | సహనం |
| Philosophy | తత్వం |
| Rationality | హేతుబద్ధత |
| Realism | వాస్తవికత |
| Reasonable | సమంజసం |
| Values | విలువలు |
| Wisdom | జ్ఞానం |

## *Family*
కుటుంబం

| | |
|---|---|
| Ancestor | పూర్వీకుడు |
| Aunt | అత్త |
| Brother | సోదరుడు |
| Child | బాల |
| Childhood | బాల్యం |
| Children | పిల్లలు |
| Cousin | కజిన్ |
| Daughter | కూతురు |
| Father | తండ్రి |
| Grandfather | తాత |
| Grandmother | అమ్మమ్మ |
| Grandson | మనవడు |
| Husband | పతి |
| Mother | తల్లి |
| Nephew | మేనల్లుడు |
| Niece | మేనకోడలు |
| Paternal | పైతృక |
| Sister | సోదరి |
| Uncle | అంకుల్ |
| Wife | భార్య |

## *Farm #1*
వ్యవసాయ #1

| | |
|---|---|
| Agriculture | వ్యవసాయం |
| Bee | తుమ్మెద |
| Bison | బైసన్ |
| Calf | దూడ |
| Cat | పిల్లి |
| Chicken | చికెన్ |
| Cow | ఆవు |
| Crow | కాకి |
| Dog | కుక్క |
| Donkey | గాడిద |
| Fence | కంచె |
| Fertilizer | ఎరువులు |
| Field | ఫీల్డ్ |
| Goat | మేక |
| Hay | హే |
| Honey | తేనె |
| Horse | గుర్రం |
| Rice | బియ్యం |
| Seeds | విత్తనాలు |
| Water | నీరు |

## *Farm #2*
వ్యవసాయ #2

| | |
|---|---|
| Animals | జంతువులు |
| Barley | బార్లీ |
| Corn | మొక్కజొన్న |
| Duck | బాతు |
| Farmer | కాపు |
| Food | ఆహారం |
| Fruit | పండు |
| Irrigation | నీటిపారుదల |
| Llama | లామా |
| Meadow | పచ్చిక బయలు |
| Milk | పాలు |
| Orchard | పండ్ల |
| Ripe | పండిన |
| Sheep | గొర్రె |
| Shepherd | గొర్రెల కాపరి |
| Tractor | ట్రాక్టర్ |
| Vegetable | కూరగాయ |
| Wheat | గోధుమ |
| Windmill | విండ్మిల్ |

## *Fashion*
### ఫ్యాషన్

| | |
|---|---|
| Affordable | సరసమైన |
| Boutique | బోటిక్ |
| Buttons | బటన్లు |
| Clothing | దుస్తులు |
| Comfortable | సౌకర్యవంతమైన |
| Elegant | సొగసైన |
| Embroidery | ఎంబ్రాయిడరీ |
| Expensive | ఖరీదైన |
| Lace | లేస్ |
| Measurements | కొలతలు |
| Minimalist | కొద్దిపాటి |
| Modern | ఆధునిక |
| Modest | నమ్రత |
| Original | అసలు |
| Pattern | నమూనా |
| Practical | ఆచరణాత్మక |
| Style | శైలి |
| Texture | నేత |
| Trend | ధోరణి |

## *Food #1*
### ఆహార #1

| | |
|---|---|
| Apricot | నేరేడు పండు |
| Barley | బార్లీ |
| Basil | తులసి |
| Carrot | క్యారెట్ |
| Cinnamon | దాల్చిన చెక్క |
| Garlic | వెల్లుల్లి |
| Juice | రసం |
| Lemon | నిమ్మ |
| Milk | పాలు |
| Onion | ఉల్లిపాయ |
| Peanut | వేరుశెనగ |
| Pear | ధాన్యము |
| Salad | సలాడ్ |
| Salt | ఉప్పు |
| Soup | పులుసు |
| Spinach | బచ్చలి |
| Strawberry | స్ట్రాబెర్రీ |
| Sugar | చక్కెర |
| Tuna | ట్యూనా |
| Turnip | టర్నిప్ |

## *Food #2*
### ఆహార #2

| | |
|---|---|
| Apple | ఆపిల్ |
| Artichoke | ఆర్టిచోక్ |
| Banana | అరటి |
| Broccoli | బ్రోకలీ |
| Celery | కటట్ |
| Cheese | చీజ్ |
| Cherry | చెర్రీ |
| Chicken | చికెన్ |
| Chocolate | చాక్లెట్ |
| Egg | గుడ్డు |
| Eggplant | వంకాయ |
| Fish | చేప |
| Grape | ద్రాక్ష |
| Ham | హామ్ |
| Kiwi | కివి |
| Mushroom | పుట్టగొడుగు |
| Rice | బియ్యం |
| Tomato | టమాటో |
| Wheat | గోధుమ |
| Yogurt | పెరుగు |

## *Fruit*
### పండు

| | |
|---|---|
| Apple | ఆపిల్ |
| Apricot | నేరేడు పండు |
| Avocado | అవోకాడో |
| Banana | అరటి |
| Berry | బెర్రీ |
| Cherry | చెర్రీ |
| Coconut | కొబ్బరి |
| Fig | అత్తి |
| Grape | ద్రాక్ష |
| Guava | జామ |
| Kiwi | కివి |
| Lemon | నిమ్మ |
| Mango | మామిడి |
| Melon | పుచ్చకాయ |
| Nectarine | పండు |
| Orange | ఆరెంజ్ |
| Papaya | బొప్పాయి |
| Peach | పీచు |
| Pear | ధాన్యము |
| Pineapple | అనాస పండు |

## *Garden*
### గార్డెన్

| | |
|---|---|
| Bench | బెంచ్ |
| Bush | బుష్ |
| Fence | కంచె |
| Flower | పువ్వు |
| Garden | తోట |
| Grass | గడ్డి |
| Hammock | ఊయల |
| Hose | గొట్టం |
| Lawn | పచ్చిక |
| Orchard | పండ్ల |
| Pond | చెరువు |
| Rake | రేక్ |
| Rocks | రాళ్ళు |
| Shovel | పార |
| Soil | మట్టి |
| Terrace | చప్పరము |
| Trampoline | ట్రామ్పోలిన్ |
| Tree | చెట్టు |
| Vine | వైన్ |
| Weeds | కలుపు |

## *Gardening*
### గార్డెనింగ్

| | |
|---|---|
| Botanical | బొటానికల్ |
| Bouquet | గుత్తి |
| Climate | వాతావరణం |
| Compost | కంపోస్ట్ |
| Container | జాడీ |
| Dirt | మురికి |
| Edible | తినదగిన |
| Exotic | అన్యదేశ |
| Floral | పూల |
| Foliage | ఆకులు |
| Hose | గొట్టం |
| Leaf | ఆకు |
| Moisture | తేమ |
| Orchard | పండ్ల |
| Seasonal | సీజనల్ |
| Seeds | విత్తనాలు |
| Soil | మట్టి |
| Species | జాతులు |
| Water | నీరు |

## *Geography*
భూగోళశాస్త్రం

| | |
|---|---|
| **Altitude** | ఎత్తు |
| **Atlas** | అట్లాస్ |
| **City** | నగరం |
| **Continent** | ఖండం |
| **Country** | దేశం |
| **Hemisphere** | అర్ధగోళం |
| **Island** | ద్వీపం |
| **Latitude** | అక్షాంశం |
| **Map** | పటం |
| **Meridian** | మెరిడియన్ |
| **Mountain** | పర్వతం |
| **North** | ఉత్తర |
| **Ocean** | మహాసముద్రం |
| **Region** | ప్రాంతం |
| **River** | నది |
| **Sea** | సముద్ర |
| **South** | దక్షిణ |
| **Territory** | భూభాగం |
| **West** | పడమర |
| **World** | ప్రపంచం |

## *Geology*
భూగర్భ శాస్త్రం

| | |
|---|---|
| **Acid** | ఆమ్లం |
| **Calcium** | కాల్షియం |
| **Cavern** | గుహ |
| **Continent** | ఖండం |
| **Coral** | పగడపు |
| **Crystals** | స్ఫటికాలు |
| **Cycles** | సైకిల్స్ |
| **Earthquake** | భూకంపం |
| **Erosion** | కోత |
| **Fossil** | ఫాసిల్ |
| **Geyser** | గీజర్ |
| **Lava** | లావా |
| **Layer** | పొర |
| **Minerals** | మినరల్స్ |
| **Molten** | కరిగిన |
| **Plateau** | పీఠభూమి |
| **Quartz** | క్వార్ట్జ్ |
| **Salt** | ఉప్పు |
| **Stone** | రాయి |
| **Volcano** | అగ్నిపర్వతం |

## *Geometry*
జ్యామితి

| | |
|---|---|
| **Angle** | కోణం |
| **Calculation** | గణన |
| **Circle** | వృత్తం |
| **Curve** | వంపు |
| **Diameter** | వ్యాసం |
| **Dimension** | కొలతలు |
| **Equation** | సమీకరణం |
| **Height** | ఎత్తు |
| **Logic** | తర్కం |
| **Mass** | మాస్ |
| **Median** | సగటు |
| **Number** | సంఖ్య |
| **Parallel** | సమాంతర |
| **Proportion** | నిష్పత్తి |
| **Segment** | సెగ్మెంట్ |
| **Surface** | ఉపరితలం |
| **Symmetry** | సమరూపత |
| **Theory** | సిద్ధాంతం |
| **Triangle** | త్రిభుజం |
| **Vertical** | నిలువు |

## *Government*
ప్రభుత్వం

| | |
|---|---|
| **Citizenship** | పౌరసత్వం |
| **Civil** | సివిల్ |
| **Constitution** | రాజ్యాంగం |
| **Democracy** | ప్రజాస్వామ్యం |
| **Discussion** | చర్చ |
| **District** | జిల్లా |
| **Equality** | సమానత్వం |
| **Independence** | స్వాతంత్ర్యం |
| **Judicial** | న్యాయ |
| **Justice** | న్యాయం |
| **Law** | చట్టం |
| **Leader** | నాయకుడు |
| **Liberty** | స్వేచ్ఛ |
| **Monument** | స్మారక చిహ్నం |
| **Nation** | దేశం |
| **Peaceful** | నిర్మలమైన |
| **Politics** | రాజకీయాలు |
| **Speech** | ప్రసంగం |
| **State** | రాష్ట్రం |
| **Symbol** | చిహ్నం |

## *Hair Types*
జుట్టు రకాలు

| | |
|---|---|
| **Bald** | బట్టతల |
| **Black** | నలుపు |
| **Blond** | రాగి |
| **Braided** | అల్లిన |
| **Braids** | జడలు |
| **Brown** | బ్రౌన్ |
| **Colored** | రంగు |
| **Curls** | కురులు |
| **Curly** | మోడల్ |
| **Dry** | పొడి |
| **Gray** | గ్రే |
| **Healthy** | ఆరోగ్యకరమైన |
| **Long** | లాంగ్ |
| **Shiny** | మెరిసే |
| **Short** | పొట్టి |
| **Soft** | సాఫ్ట్ |
| **Thick** | మందమైన |
| **Thin** | సన్నని |
| **Wavy** | ఉంగరాల |
| **White** | తెలుపు |

## *Health and Wellness #1*
ఆరోగ్యం మరియు వెల్నెస్ #1

| | |
|---|---|
| **Active** | క్రియాశీల |
| **Bacteria** | బాక్టీరియా |
| **Bones** | ఎముకలు |
| **Clinic** | క్లినిక్ |
| **Doctor** | వైద్యుడు |
| **Fracture** | పగులు |
| **Habit** | అలవాటు |
| **Height** | ఎత్తు |
| **Hormones** | హార్మోన్లు |
| **Hunger** | ఆకలి |
| **Injury** | గాయం |
| **Medicine** | ఔషధం |
| **Muscles** | కండరాలు |
| **Nerves** | నరములు |
| **Pharmacy** | ఔషధశాల |
| **Posture** | భంగిమ |
| **Reflex** | రిఫ్లెక్స్ |
| **Skin** | చర్మం |
| **Treatment** | చికిత్స |
| **Virus** | వైరస్ |

## *Health and Wellness #2*
ఆరోగ్యం మరియు వెల్నెస్ #2

| | |
|---|---|
| **Allergy** | అలెర్జీ |
| **Anatomy** | ఫోకర్ |
| **Appetite** | ఆకలి |
| **Blood** | రక్తం |
| **Calorie** | కేలరీ |
| **Dehydration** | నిర్జలీకరణం |
| **Diet** | ఆహారం |
| **Disease** | వ్యాధి |
| **Energy** | శక్తి |
| **Genetics** | జన్యుశాస్త్రం |
| **Healthy** | ఆరోగ్యకరమైన |
| **Hospital** | ఆసుపత్రి |
| **Hygiene** | శుభ్రంగా |
| **Infection** | ఇన్ఫెక్షన్ |
| **Massage** | మర్దించు |
| **Nutrition** | పోషణ |
| **Recovery** | రికవరీ |
| **Stress** | ఒత్తిడి |
| **Vitamin** | విటమిన్ |
| **Weight** | బరువు |

## *Herbalism*
హెర్బలిజం

| | |
|---|---|
| **Aromatic** | సుగంధ |
| **Basil** | తులసి |
| **Beneficial** | ప్రయోజనకరమైన |
| **Culinary** | పాక |
| **Fennel** | ఫెన్నెల్ |
| **Flavor** | ఫ్లేవర్ |
| **Flower** | పువ్వు |
| **Garden** | తోట |
| **Garlic** | వెల్లుల్లి |
| **Green** | ఆకుపచ్చ |
| **Ingredient** | దినుసు |
| **Lavender** | లావెండర్ |
| **Marjoram** | మార్జోరం |
| **Mint** | పుదీనా |
| **Oregano** | ఒరేగానో |
| **Parsley** | పార్స్లీ |
| **Plant** | మొక్క |
| **Rosemary** | రోజ్మేరీ |
| **Saffron** | కుంకుమ |
| **Tarragon** | ఆరగాన్ |

## *House*
హౌస్

| | |
|---|---|
| **Attic** | అటక |
| **Basement** | పునాది |
| **Broom** | చీపురు |
| **Curtains** | కర్టెన్లు |
| **Door** | తలుపు |
| **Fence** | కంచె |
| **Fireplace** | పొయ్యి |
| **Floor** | అంతస్తు |
| **Furniture** | ఫర్నిచర్ |
| **Garden** | తోట |
| **Keys** | కీలు |
| **Kitchen** | వంటగది |
| **Lamp** | దీపం |
| **Library** | గ్రంథాలయం |
| **Mirror** | అద్దం |
| **Roof** | మరొక |
| **Room** | గది |
| **Shower** | జల్లు |
| **Wall** | గోడ |
| **Window** | కిటికీ |

## *Human Body*
మానవ శరీరం

| | |
|---|---|
| **Ankle** | చీలమండ |
| **Blood** | రక్తం |
| **Bones** | ఎముకలు |
| **Brain** | మెదడు |
| **Chin** | గడ్డం |
| **Ear** | చెవి |
| **Elbow** | మోచేతి |
| **Face** | ముఖం |
| **Finger** | వేలు |
| **Hand** | చెయ్యి |
| **Head** | తల |
| **Heart** | గుండె |
| **Jaw** | దవడ |
| **Knee** | మోకాలు |
| **Leg** | కాలు |
| **Mouth** | నోరు |
| **Neck** | మెడ |
| **Nose** | ముక్కు |
| **Shoulder** | భుజం |
| **Skin** | చర్మం |

## *Jazz*
జాజ్

| | |
|---|---|
| **Album** | ఆల్బమ్ |
| **Artist** | కళాకారుడు |
| **Composer** | స్వరకర్త |
| **Composition** | కూర్పు |
| **Concert** | కచేరీ |
| **Drums** | డ్రమ్స్ |
| **Famous** | ప్రసిద్ధ |
| **Favorites** | ఇష్టమైన |
| **Improvisation** | అభివృద్ధి |
| **Influences** | ప్రభావాలు |
| **Music** | సంగీతం |
| **Musicians** | సంగీతకారులు |
| **New** | కొత్త |
| **Old** | పాత |
| **Orchestra** | ఆర్కెస్ట్రా |
| **Rhythm** | లయ |
| **Song** | పాట |
| **Style** | శైలి |
| **Talent** | ప్రతిభ |
| **Technique** | టెక్నిక్ |

## *Kitchen*
కిచెన్

| | |
|---|---|
| **Apron** | అప్రాన్ |
| **Bowl** | గిన్నె |
| **Cups** | కప్పులు |
| **Food** | ఆహారం |
| **Freezer** | ఫ్రీజర్ |
| **Grill** | గ్రిల్ |
| **Jar** | జార్ |
| **Jug** | జగ్ |
| **Kettle** | కెటిల్ |
| **Knives** | కత్తులు |
| **Ladle** | గరిటె |
| **Napkin** | రుమాలు |
| **Oven** | పొయ్యి |
| **Recipe** | సూచన |
| **Refrigerator** | రిఫ్రిజిరేటర్ |
| **Sponge** | స్పాంజ్ |
| **Spoons** | స్పూన్లు |
| **To Eat** | తినడానికి |

## *Landscapes*
### ప్రకృతి దృశ్యాలు

| | |
|---|---|
| **Beach** | బీచ్ |
| **Cave** | గుహ |
| **Desert** | ఎడారి |
| **Geyser** | గీజర్ |
| **Glacier** | హిమానీనదం |
| **Hill** | కొండ |
| **Iceberg** | మంచుకొండ |
| **Island** | ద్వీపం |
| **Lake** | సరస్సు |
| **Mountain** | పర్వతం |
| **Oasis** | ఒయాసిస్ |
| **Ocean** | మహాసముద్రం |
| **Peninsula** | ద్వీపకల్పం |
| **River** | నది |
| **Sea** | సముద్ర |
| **Swamp** | చిత్తడి |
| **Tundra** | టండ్రా |
| **Valley** | లోయ |
| **Volcano** | అగ్నిపర్వతం |
| **Waterfall** | జలపాతం |

## *Literature*
### సాహిత్యం

| | |
|---|---|
| **Analogy** | సారూప్యత |
| **Analysis** | విశ్లేషణ |
| **Anecdote** | కథ |
| **Author** | రచయిత |
| **Biography** | జీవిత చరిత్ర |
| **Comparison** | పోలిక |
| **Conclusion** | ముగింపు |
| **Description** | వివరణ |
| **Dialogue** | సంభాషణ |
| **Fiction** | కల్పన |
| **Metaphor** | రూపకం |
| **Narrator** | కథకుడు |
| **Novel** | నవల |
| **Opinion** | అభిప్రాయం |
| **Poem** | పద్యం |
| **Poetic** | కవితా |
| **Rhythm** | లయ |
| **Style** | శైలి |
| **Theme** | థీమ్ |
| **Tragedy** | విషాదం |

## *Mammals*
### క్షీరదాలు

| | |
|---|---|
| **Bear** | ఎలుగుబంటి |
| **Beaver** | బీవర్ |
| **Bull** | ఎద్దు |
| **Cat** | పిల్లి |
| **Coyote** | మరి |
| **Dog** | కుక్క |
| **Dolphin** | డాల్ఫిన్ |
| **Elephant** | ఏనుగు |
| **Fox** | నక్క |
| **Giraffe** | జిరాఫీ |
| **Gorilla** | గొరిల్లా |
| **Horse** | గుర్రం |
| **Kangaroo** | కంగారు |
| **Lion** | సింహం |
| **Monkey** | కోతి |
| **Rabbit** | కుందేలు |
| **Sheep** | గొర్రా |
| **Whale** | తిమింగలం |
| **Wolf** | తోడేలు |
| **Zebra** | జీబ్రా |

## *Math*
### గణితం

| | |
|---|---|
| **Angles** | మాక్సికో |
| **Arithmetic** | అంకగణితం |
| **Decimal** | దశాంశ |
| **Diameter** | వ్యాసం |
| **Equation** | సమీకరణం |
| **Exponent** | ఆనవాలు |
| **Fraction** | భిన్నం |
| **Geometry** | జ్యామితి |
| **Numbers** | సంఖ్యలు |
| **Parallel** | సమాంతర |
| **Perimeter** | చుట్టుకొలత |
| **Perpendicular** | లంబంగా |
| **Polygon** | బహుభుజి |
| **Radius** | వ్యాసార్థం |
| **Sphere** | గోళం |
| **Square** | చతురస్రం |
| **Sum** | మొత్తం |
| **Symmetry** | సమరూపత |
| **Triangle** | త్రిభుజం |
| **Volume** | వాల్యూమ్ |

## *Measurements*
### కొలతలు

| | |
|---|---|
| **Byte** | బైట్ |
| **Centimeter** | సెంటీమీటర్ |
| **Decimal** | దశాంశ |
| **Degree** | డిగ్రీ |
| **Depth** | లోతు |
| **Gram** | గ్రాము |
| **Height** | ఎత్తు |
| **Inch** | అంగుళం |
| **Kilogram** | కిలోగ్రాము |
| **Kilometer** | కిలోమీటరు |
| **Length** | పొడవు |
| **Liter** | లీటరు |
| **Mass** | మాస్ |
| **Meter** | మీటర్ |
| **Minute** | నిమిషం |
| **Ounce** | ఔన్స్ |
| **Ton** | టన్ను |
| **Volume** | వాల్యూమ్ |
| **Weight** | బరువు |
| **Width** | వెడల్పు |

## *Meditation*
### ధ్యానం

| | |
|---|---|
| **Acceptance** | అంగీకారం |
| **Attention** | దృష్టిని |
| **Awake** | మేలుకొని |
| **Breathing** | శ్వాస |
| **Calm** | ప్రశాంతత |
| **Clarity** | స్పష్టత |
| **Compassion** | కరుణ |
| **Gratitude** | కృతజ్ఞత |
| **Habits** | అలవాట్లు |
| **Insight** | అంతర్దృష్టి |
| **Kindness** | దయ |
| **Mental** | మానసిక |
| **Movement** | ఉద్యమం |
| **Music** | సంగీతం |
| **Nature** | ప్రకృతి |
| **Observation** | పరిశీలన |
| **Peace** | శాంతి |
| **Perspective** | దృష్టికోణం |
| **Silence** | నిశ్శబ్దం |
| **Thoughts** | ఆలోచనలు |

## *Music*
సంగీతం

| | |
|---|---|
| **Album** | ఆల్బమ్ |
| **Ballad** | యక్షగానం |
| **Chorus** | బృందగానం |
| **Classical** | శాస్త్రీయ |
| **Eclectic** | పరిశీలనాత్మక |
| **Harmonic** | హార్మోనిక్ |
| **Harmony** | సామరస్యం |
| **Instrument** | వాయిద్యం |
| **Lyrical** | లిరికల్ |
| **Melody** | శ్రావ్యత |
| **Microphone** | మైక్రోఫోన్ |
| **Musical** | సంగీత |
| **Musician** | సంగీతకారుడు |
| **Opera** | ఒపెరా |
| **Poetic** | కవితా |
| **Recording** | రికార్డింగ్ |
| **Rhythmic** | లయ |
| **Sing** | పాడు |
| **Singer** | సింగర్ |
| **Vocal** | స్వర |

## *Musical Instruments*
సంగీత సాధన

| | |
|---|---|
| **Banjo** | బాంజో |
| **Bassoon** | ఊదే |
| **Cello** | సెల్లో |
| **Clarinet** | క్లారినెట్ |
| **Drum** | డ్రం |
| **Flute** | వేణువు |
| **Gong** | జేగంట |
| **Guitar** | గిటార్ |
| **Harmonica** | హార్మోనికా |
| **Harp** | హార్ప్ |
| **Mandolin** | మాండోలిన్ |
| **Oboe** | బాకా |
| **Piano** | పియానో |
| **Saxophone** | ఆటోస్ |
| **Tambourine** | తాంబూలం |
| **Trombone** | ట్రోంబోన్ |
| **Trumpet** | ట్రంపెట్ |
| **Violin** | వయోలిన్ |

## *Mythology*
పురాణశాస్త్రం

| | |
|---|---|
| **Archetype** | ఆదర్శం |
| **Behavior** | ప్రవర్తన |
| **Beliefs** | నమ్మకాలు |
| **Creation** | సృష్టి |
| **Creature** | జీవి |
| **Culture** | సంస్కృతి |
| **Deities** | దేవతలు |
| **Disaster** | విపత్తు |
| **Heaven** | స్వర్గం |
| **Hero** | హీరో |
| **Immortality** | అమరత్వం |
| **Jealousy** | అసూయ |
| **Labyrinth** | చిక్కైన |
| **Legend** | పురాణం |
| **Lightning** | మెరుపు |
| **Monster** | రాక్షసుడు |
| **Mortal** | నైతిక |
| **Revenge** | ప్రతీకారం |
| **Thunder** | ఉరుము |
| **Warrior** | యోధుడు |

## *Nature*
ప్రకృతి

| | |
|---|---|
| **Animals** | జంతువులు |
| **Arctic** | ఆర్కిటిక్ |
| **Beauty** | అందం |
| **Bees** | తేనెటీగలు |
| **Clouds** | మేఘాలు |
| **Desert** | ఎడారి |
| **Dynamic** | డైనమిక్ |
| **Erosion** | కోత |
| **Fog** | పొగమంచు |
| **Foliage** | ఆకులు |
| **Forest** | ఫారెస్ట్ |
| **Glacier** | హిమానీనదం |
| **Mountains** | పర్వతాలు |
| **River** | నది |
| **Sanctuary** | అభయారణ్యం |
| **Serene** | నిర్మలమైన |
| **Shelter** | షెల్టర్ |
| **Tropical** | ఉష్ణమండల |
| **Vital** | కీలక |
| **Wild** | అడవి |

## *Numbers*
సంఖ్యలు

| | |
|---|---|
| **Decimal** | దశాంశ |
| **Eight** | ఎనిమిది |
| **Eighteen** | పద్దెనిమిది |
| **Fifteen** | పదిహేను |
| **Five** | ఐదు |
| **Four** | నాలుగు |
| **Fourteen** | పద్నాలుగు |
| **Nine** | తొమ్మిది |
| **Nineteen** | పంతొమ్మిది |
| **One** | ఒకటి |
| **Seven** | ఏడు |
| **Seventeen** | పదిహేడు |
| **Six** | ఆరు |
| **Sixteen** | పదహారు |
| **Ten** | పది |
| **Thirteen** | పదమూడు |
| **Three** | మూడు |
| **Twelve** | పన్నెండు |
| **Twenty** | ఇరవై |
| **Two** | రెండు |

## *Nutrition*
పోషణ

| | |
|---|---|
| **Appetite** | ఆకలి |
| **Balanced** | సంతులనం |
| **Bitter** | చేదు |
| **Calories** | కేలరీలు |
| **Choices** | ఎంపికలు |
| **Diet** | ఆహారం |
| **Digestion** | జీర్ణక్రియ |
| **Edible** | తినదగిన |
| **Fermentation** | కిణ్వప్రక్రియ |
| **Flavor** | ఫ్లేవర్ |
| **Habits** | అలవాట్లు |
| **Health** | ఆరోగ్యం |
| **Healthy** | ఆరోగ్యకరమైన |
| **Liquids** | ద్రవాలు |
| **Nutrient** | పోషకం |
| **Quality** | నాణ్యత |
| **Sauce** | సాస్ |
| **Toxin** | టాక్సిన్ |
| **Vitamin** | విటమిన్ |
| **Weight** | బరువు |

## *Ocean*
సముద్ర

| | |
|---|---|
| **Algae** | ఆల్గే |
| **Coral** | పగడపు |
| **Crab** | పీత |
| **Dolphin** | డాల్ఫిన్ |
| **Eel** | మలుగు చేప |
| **Fish** | చేప |
| **Jellyfish** | జెల్లీ ఫిష్ |
| **Octopus** | ఆక్టోపస్ |
| **Oyster** | ఆయిస్టర్ |
| **Reef** | రీఫ్ |
| **Salt** | ఉప్పు |
| **Seaweed** | సముద్రపు పాచి |
| **Shark** | షార్క్ |
| **Shrimp** | రొయ్యలు |
| **Sponge** | స్పాంజ్ |
| **Storm** | తుఫాను |
| **Tuna** | ట్యూనా |
| **Turtle** | తాబేలు |
| **Waves** | అలలు |
| **Whale** | తిమింగలం |

## *Pets*
పెంపుడు జంతువులు

| | |
|---|---|
| **Cat** | పిల్లి |
| **Claws** | పంజాలు |
| **Collar** | కాలర్ |
| **Cow** | ఆవు |
| **Dog** | కుక్క |
| **Fish** | చేప |
| **Food** | ఆహారం |
| **Goat** | మేక |
| **Hamster** | చిట్టెలుక |
| **Leash** | పట్టీ |
| **Lizard** | బల్లి |
| **Mouse** | మౌస్ |
| **Parrot** | చిలుక |
| **Puppy** | కుక్కపిల్ల |
| **Rabbit** | కుందేలు |
| **Tail** | తోక |
| **Turtle** | తాబేలు |
| **Veterinarian** | పశువైద్యుడు |
| **Water** | నీరు |

## *Philanthropy*
దాతృత్వం

| | |
|---|---|
| **Challenges** | సవాళ్లు |
| **Children** | పిల్లలు |
| **Community** | సంఘం |
| **Contacts** | పరిచయాలు |
| **Finance** | రద్దు |
| **Funds** | నిధులు |
| **Generosity** | ఉదాత్తత |
| **Global** | ప్రపంచ |
| **Goals** | లక్ష్యాలు |
| **Groups** | సమూహాలు |
| **History** | చరిత్ర |
| **Honesty** | నిజాయితీ |
| **Humanity** | మోసము |
| **Mission** | మిషన్ |
| **Need** | అవసరం |
| **People** | ప్రజలు |
| **Programs** | కార్యక్రమాలు |
| **Public** | ప్రజా |
| **Youth** | యువత |

## *Photography*
ఫోటోగ్రఫీ

| | |
|---|---|
| **Black** | నలుపు |
| **Camera** | కెమెరా |
| **Color** | రంగు |
| **Composition** | కూర్పు |
| **Contrast** | విరుద్ధంగా |
| **Darkness** | చీకటి |
| **Definition** | నిర్వచనం |
| **Exhibition** | ఎగ్జిబిషన్ |
| **Format** | ఫార్మాట్ |
| **Frame** | చట్రం |
| **Lighting** | లైటింగ్ |
| **Object** | వస్తువు |
| **Perspective** | దృష్టికోణం |
| **Portrait** | చిత్తరువు |
| **Shadows** | నీడలు |
| **Soften** | మృదువుగా |
| **Subject** | విషయం |
| **Texture** | నేత |
| **Visual** | దృశ్య |

## *Physics*
ఫిజిక్స్

| | |
|---|---|
| **Acceleration** | త్వరణం |
| **Chaos** | గందరగోళం |
| **Chemical** | రసాయన |
| **Density** | సాంద్రత |
| **Electron** | ఎలక్ట్రాన్ |
| **Engine** | ఇంజిన్ |
| **Expansion** | విస్తరణ |
| **Formula** | నియమం |
| **Frequency** | తరచుదనం |
| **Gas** | గ్యాస్ |
| **Magnetism** | అయస్కాంతత్వం |
| **Mass** | మాస్ |
| **Mechanics** | మెకానిక్స్ |
| **Molecule** | అణువు |
| **Nuclear** | న్యూక్లియర్ |
| **Particle** | కణ |
| **Relativity** | సాపేక్షత |
| **Speed** | వేగం |
| **Universal** | యూనివర్సల్ |
| **Velocity** | వడి |

## *Plants*
మొక్కలు

| | |
|---|---|
| **Bamboo** | వెదురు |
| **Bean** | బీన్ |
| **Berry** | బెర్రీ |
| **Botany** | వృక్షశాస్త్రం |
| **Bush** | బుష్ |
| **Cactus** | కాక్టస్ |
| **Fertilizer** | ఎరువులు |
| **Flora** | వృక్షజాలం |
| **Flower** | పువ్వు |
| **Foliage** | ఆకులు |
| **Forest** | ఫారెస్ట్ |
| **Garden** | తోట |
| **Grass** | గడ్డి |
| **Ivy** | ఐవీ |
| **Moss** | నాచు |
| **Petal** | రేక |
| **Root** | రూట్ |
| **Stem** | కాండము |
| **Tree** | చెట్టు |
| **Vegetation** | వృక్ష |

## *Professions #1*
వృత్తులు #1

| | |
|---|---|
| **Ambassador** | రాయబారి |
| **Attorney** | న్యాయవాది |
| **Banker** | బ్యాంకర్ |
| **Cartographer** | కార్టోగ్రాఫర్ |
| **Coach** | రైలు పెట్టె |
| **Dancer** | నర్తకి |
| **Doctor** | వైద్యుడు |
| **Editor** | ఎడిటర్ |
| **Firefighter** | అగ్నియోధుడుగా |
| **Geologist** | భూగోళ |
| **Hunter** | వేటగాడు |
| **Jeweler** | జ్యువెలర్ |
| **Musician** | సంగీతకారుడు |
| **Nurse** | నర్సు |
| **Pianist** | పియానిస్ట్ |
| **Plumber** | ప్లంబర్ |
| **Sailor** | నావికుడు |
| **Scientist** | శాస్త్రవేత్త |
| **Tailor** | దర్జీ |
| **Veterinarian** | పశువైద్యుడు |

## *Professions #2*
వృత్తులు #2

| | |
|---|---|
| **Astronaut** | వ్యోమగామి |
| **Chemist** | కెమిస్ట్ |
| **Dentist** | దంతవైద్యుడు |
| **Detective** | డిటెక్టివ్ |
| **Engineer** | ఇంజనీర్ |
| **Farmer** | కాపు |
| **Gardener** | తోటమాలి |
| **Inventor** | సృష్టికర్త |
| **Journalist** | జర్నలిస్ట్ |
| **Librarian** | లైబ్రేరియన్ |
| **Linguist** | భాషా |
| **Painter** | చిత్రకారుడు |
| **Philosopher** | తత్వవేత్త |
| **Photographer** | ఫోటోగ్రాఫర్ |
| **Physician** | వైద్యుడు |
| **Professor** | ప్రొఫెసర్ |
| **Publisher** | ప్రచురణకర్త |
| **Researcher** | పరిశోధకుడు |
| **Surgeon** | సర్జన్ |
| **Teacher** | టీచర్ |

## *Psychology*
మనస్తత్వశాస్త్రం

| | |
|---|---|
| **Appointment** | నియామకం |
| **Assessment** | అంచనా |
| **Behavior** | ప్రవర్తన |
| **Childhood** | బాల్యం |
| **Clinical** | క్లినికల్ |
| **Cognition** | జ్ఞానం |
| **Conflict** | సంఘర్షణ |
| **Dreams** | కలలు |
| **Ego** | అహం |
| **Experiences** | అనుభవాలు |
| **Ideas** | ఆలోచనలు |
| **Influences** | ప్రభావాలు |
| **Perception** | అవగాహన |
| **Personality** | వ్యక్తిత్వం |
| **Problem** | సమస్య |
| **Reality** | వాస్తవికత |
| **Sensation** | సంచలనం |
| **Therapy** | చికిత్స |
| **Unconscious** | మూర్ఛ |

## *Rainforest*
రెయిన్ఫారెస్ట్

| | |
|---|---|
| **Amphibians** | ఉభయచరాలు |
| **Birds** | పక్షులు |
| **Botanical** | బొటానికల్ |
| **Climate** | వాతావరణం |
| **Clouds** | మేఘాలు |
| **Community** | సంఘం |
| **Diversity** | వైవిధ్యం |
| **Indigenous** | దేశీయ |
| **Insects** | కీటకాలు |
| **Jungle** | అడవి |
| **Mammals** | క్షీరదాలు |
| **Moss** | నాచు |
| **Nature** | ప్రకృతి |
| **Preservation** | సంరక్షణ |
| **Refuge** | శరణు |
| **Respect** | గౌరవం |
| **Restoration** | పునరుద్ధరణ |
| **Species** | జాతులు |
| **Survival** | మనుగడ |
| **Valuable** | ఖరీదైన |

## *Restaurant #1*
రెస్టారెంట్ #1

| | |
|---|---|
| **Allergy** | అలెర్జీ |
| **Bowl** | గిన్నె |
| **Bread** | బ్రెడ్ |
| **Cashier** | క్యాషియర్ |
| **Chicken** | చికెన్ |
| **Coffee** | కాఫీ |
| **Food** | ఆహారం |
| **Kitchen** | వంటగది |
| **Knife** | కత్తి |
| **Meat** | మాంసం |
| **Menu** | మెను |
| **Napkin** | రుమాలు |
| **Plate** | ప్లేట్ |
| **Reservation** | రిజర్వేషన్ |
| **Sauce** | సాస్ |
| **Spicy** | స్పైసీ |
| **To Eat** | తినడానికి |
| **Waitress** | సేవకురాలు |

## *Restaurant #2*
రెస్టారెంట్ #2

| | |
|---|---|
| **Appetizer** | ఆకలి |
| **Beverage** | పానీయం |
| **Cake** | కేక్ |
| **Chair** | కుర్చీ |
| **Delicious** | కమ్మని |
| **Dinner** | డిన్నర్ |
| **Eggs** | గుడ్లు |
| **Fish** | చేప |
| **Fork** | ఫోర్క్ |
| **Fruit** | పండు |
| **Ice** | మంచు |
| **Lunch** | లంచ్ |
| **Noodles** | నూడుల్స్ |
| **Salad** | సలాడ్ |
| **Salt** | ఉప్పు |
| **Soup** | పులుసు |
| **Spoon** | చెంచా |
| **Vegetables** | కూరగాయలు |
| **Waiter** | సేవకుడు |
| **Water** | నీరు |

## *Science*
## సైన్స్

| | |
|---|---|
| **Atom** | అణువు |
| **Chemical** | రసాయన |
| **Climate** | వాతావరణం |
| **Data** | డేటా |
| **Evolution** | పరిణామం |
| **Experiment** | ప్రయోగం |
| **Fact** | వాస్తవం |
| **Fossil** | ఫాసిల్ |
| **Gravity** | గురుత్వాకర్షణ |
| **Hypothesis** | పరికల్పన |
| **Laboratory** | ప్రయోగశాల |
| **Method** | పద్ధతి |
| **Minerals** | మినరల్స్ |
| **Molecules** | అణువులు |
| **Nature** | ప్రకృతి |
| **Organism** | జీవి |
| **Particles** | కణాలు |
| **Physics** | ఫిజిక్స్ |
| **Plants** | మొక్కలు |
| **Scientist** | శాస్త్రవేత్త |

## *Science Fiction*
## వైజ్ఞానిక కల్పన

| | |
|---|---|
| **Atomic** | పరమాణు |
| **Books** | పుస్తకాలు |
| **Chemicals** | రసాయనాలు |
| **Cinema** | సినిమా |
| **Distant** | దూరమైన |
| **Dystopia** | డిస్టోపియా |
| **Explosion** | పేలుడు |
| **Fantastic** | అద్భుతమైన |
| **Fire** | అగ్ని |
| **Futuristic** | భవిష్యత్ |
| **Galaxy** | గెలాక్సీ |
| **Illusion** | భ్రాంతి |
| **Imaginary** | ఊహాత్మక |
| **Mysterious** | మర్మమైన |
| **Oracle** | ఒరాకిల్ |
| **Planet** | గ్రహం |
| **Robots** | రోబోట్లు |
| **Technology** | సాంకేతికం |
| **Utopia** | యుటోపియా |
| **World** | ప్రపంచం |

## *Scientific Disciplines*
## శాస్త్రీయ విభాగాలు

| | |
|---|---|
| **Anatomy** | ఫోకర్ |
| **Archaeology** | పురావస్తు |
| **Astronomy** | ఖగోళ శాస్త్రం |
| **Biochemistry** | బయోకామిస్ట్రీ |
| **Biology** | జీవశాస్త్రం |
| **Botany** | వృక్షశాస్త్రం |
| **Ecology** | ఎకాలజీ |
| **Geology** | జియాలజీ |
| **Kinesiology** | కైనెసియాలజీ |
| **Linguistics** | భాషాశాస్త్రం |
| **Mechanics** | మెకానిక్స్ |
| **Mineralogy** | ఖనిజశాస్త్రం |
| **Neurology** | న్యూరాలజీ |
| **Nutrition** | పోషణ |
| **Physics** | ఫిజిక్స్ |
| **Psychology** | సైకాలజీ |
| **Robotics** | రోబోటిక్స్ |
| **Thermodynamics** | ఉష్ణగతిక |
| **Zoology** | జంతుశాస్త్రం |

## *Shapes*
## ఆకారాలు

| | |
|---|---|
| **Circle** | వృత్తం |
| **Cone** | కోన్ |
| **Corner** | కార్నర్ |
| **Cube** | క్యూబ్ |
| **Curve** | వంపు |
| **Cylinder** | సిలిండర్ |
| **Edges** | అంచులు |
| **Ellipse** | దీర్ఘవృత్తం |
| **Hyperbola** | హైపర్బోలా |
| **Line** | లైన్ |
| **Oval** | ఓవల్ |
| **Polygon** | బహుభుజి |
| **Prism** | ప్రిజం |
| **Pyramid** | పిరమిడ్ |
| **Round** | రౌండ్ |
| **Side** | వైపు |
| **Sphere** | గోళం |
| **Square** | చతురస్రం |
| **Triangle** | త్రిభుజం |

## *Spices*
## సుగంధ ద్రవ్యాలు

| | |
|---|---|
| **Anise** | సోంపు |
| **Bitter** | చేదు |
| **Cardamom** | ఏలకులు |
| **Cinnamon** | దాల్చిన చెక్క |
| **Clove** | లవంగం |
| **Coriander** | కొత్తిమీర |
| **Cumin** | జీలకర్ర |
| **Curry** | కూర |
| **Fennel** | ఫెన్నెల్ |
| **Fenugreek** | మెంతులు |
| **Flavor** | ఫ్లేవర్ |
| **Garlic** | వెల్లుల్లి |
| **Ginger** | అల్లం |
| **Nutmeg** | జాజికాయ |
| **Onion** | ఉల్లిపాయ |
| **Paprika** | మిరపకాయ |
| **Saffron** | కుంకుమ |
| **Salt** | ఉప్పు |
| **Sweet** | తీపి |
| **Vanilla** | వెనిలా |

## *Technology*
## టెక్నాలజీ

| | |
|---|---|
| **Blog** | బ్లాగు |
| **Browser** | బ్రౌజర్ |
| **Camera** | కెమెరా |
| **Computer** | కంప్యూటర్ |
| **Cursor** | కర్సర్ |
| **Data** | డేటా |
| **Digital** | డిజిటల్ |
| **File** | ఫైల్ |
| **Font** | ఫాంట్ |
| **Internet** | ఇంటర్నెట్ |
| **Message** | సందేశం |
| **Research** | పరిశోధన |
| **Screen** | స్క్రీన్ |
| **Security** | భద్రత |
| **Software** | సాఫ్ట్వేర్ |
| **Statistics** | గణాంకాలు |
| **Virtual** | వర్చువల్ |
| **Virus** | వైరస్ |

## *The Company*
### కంపెనీ

| | |
|---|---|
| Business | వ్యాపారం |
| Creative | సృజనాత్మక |
| Decision | నిర్ణయం |
| Employment | ఉపాధి |
| Global | ప్రపంచ |
| Industry | పరిశ్రమ |
| Innovative | వినూత్న |
| Investment | పెట్టుబడి |
| Possibility | అవకాశం |
| Presentation | ప్రదర్శన |
| Product | ఉత్పత్తి |
| Professional | ప్రొఫెషనల్ |
| Progress | పురోగతి |
| Quality | నాణ్యత |
| Reputation | కీర్తి |
| Resources | వనరులు |
| Revenue | ఆదాయం |
| Risks | ప్రమాదాలు |
| Units | యూనిట్లు |

## *The Media*
### మీడియా

| | |
|---|---|
| Commercial | కమర్షియల్ |
| Communication | కమ్యూనికేషన్ |
| Digital | డిజిటల్ |
| Edition | ఎడిషన్ |
| Education | చదువు |
| Funding | నిధులు |
| Images | చిత్రాలు |
| Individual | వ్యక్తిగత |
| Industry | పరిశ్రమ |
| Intellectual | మేధావి |
| Local | స్థానిక |
| Magazines | పత్రికలు |
| Network | జాలిక |
| Online | ఆన్లైన్ |
| Opinion | అభిప్రాయం |
| Photos | ఫోటోలు |
| Public | ప్రజా |
| Radio | రేడియో |
| Television | టెలివిజన్ |

## *Time*
### సమయం

| | |
|---|---|
| Annual | వార్షిక |
| Before | ముందు |
| Calendar | క్యాలెండర్ |
| Century | శతాబ్దం |
| Clock | గడియారం |
| Day | రోజు |
| Decade | దశాబ్దం |
| Future | భవిష్యత్తు |
| Hour | గంట |
| Minute | నిమిషం |
| Month | నెల |
| Morning | ఉదయం |
| Night | రాత్రి |
| Noon | మధ్యాహ్నం |
| Now | ఇప్పుడు |
| Soon | త్వరలో |
| Today | నేడు |
| Week | వారం |
| Year | సంవత్సరం |
| Yesterday | నిన్న |

## *Town*
### పట్టణం

| | |
|---|---|
| Airport | విమానాశ్రయం |
| Bakery | బేకరీ |
| Bank | బ్యాంకు |
| Cafe | కేఫ్ |
| Cinema | సినిమా |
| Clinic | క్లినిక్ |
| Florist | పూల వర్తకుడు |
| Gallery | గ్యాలరీ |
| Hotel | హోటల్ |
| Library | గ్రంథాలయం |
| Market | సంత |
| Museum | మ్యూజియం |
| Pharmacy | ఔషధశాల |
| Restaurant | రెస్టారెంట్ |
| Salon | సెలూన్ |
| School | పాఠశాల |
| Stadium | స్టేడియం |
| Store | స్టోర్ |
| Theater | థియేటర్ |
| Zoo | జూ |

## *Universe*
### విశ్వం

| | |
|---|---|
| Asteroid | గ్రహశకలం |
| Astronomy | ఖగోళ శాస్త్రం |
| Atmosphere | వాతావరణం |
| Celestial | ఖగోళ |
| Cosmic | కాస్మిక్ |
| Darkness | చీకటి |
| Equator | భూమధ్యరేఖ |
| Galaxy | గెలాక్సీ |
| Hemisphere | అర్ధగోళం |
| Latitude | అక్షాంశం |
| Longitude | రేఖాంశం |
| Moon | చంద్రుడు |
| Orbit | కక్ష్య |
| Sky | ఆకాశం |
| Solar | సౌర |
| Solstice | సంక్రమణ |
| Telescope | టెలిస్కోప్ |
| Tilt | వంపు |
| Visible | కనిపించే |
| Zodiac | రాశిచక్రం |

## *Vacation #2*
### సెలవు #2

| | |
|---|---|
| Airport | విమానాశ్రయం |
| Beach | బీచ్ |
| Destination | గమ్యం |
| Foreign | విదేశీ |
| Foreigner | విదేశీయుడు |
| Holiday | సెలవు |
| Hotel | హోటల్ |
| Island | ద్వీపం |
| Journey | ప్రయాణం |
| Leisure | తీరిక |
| Map | పటం |
| Mountains | పర్వతాలు |
| Passport | పాస్పోర్ట్ |
| Restaurant | రెస్టారెంట్ |
| Sea | సముద్ర |
| Taxi | టాక్సీ |
| Tent | డేరా |
| Train | రైలు |
| Transportation | రవాణా |
| Visa | వీసా |

## *Vegetables*
కూరగాయలు

| | |
|---|---|
| **Artichoke** | ఆర్టిచోక్ |
| **Broccoli** | బ్రోకలీ |
| **Carrot** | క్యారెట్ |
| **Cauliflower** | కాలీఫ్లవర్ |
| **Celery** | కట్ |
| **Cucumber** | దోసకాయ |
| **Eggplant** | వంకాయ |
| **Garlic** | వెల్లుల్లి |
| **Ginger** | అల్లం |
| **Mushroom** | పుట్టగొడుగు |
| **Onion** | ఉల్లిపాయ |
| **Parsley** | పార్స్లీ |
| **Pea** | పీ |
| **Pumpkin** | గుమ్మడికాయ |
| **Radish** | ముల్లంగి |
| **Salad** | సలాడ్ |
| **Shallot** | చిన్న |
| **Spinach** | బచ్చలి |
| **Tomato** | టమాటో |
| **Turnip** | టర్నిప్ |

## *Vehicles*
వాహనాలు

| | |
|---|---|
| **Airplane** | విమానం |
| **Ambulance** | అంబులెన్స్ |
| **Bicycle** | సైకిల్ |
| **Boat** | పడవ |
| **Bus** | బస్ |
| **Car** | కారు |
| **Caravan** | కారవాన్ |
| **Engine** | ఇంజిన్ |
| **Ferry** | రహదారి పడవ |
| **Helicopter** | హెలికాప్టర్ |
| **Motor** | మోటర్ |
| **Raft** | తెప్ప |
| **Rocket** | రాకెట్ |
| **Scooter** | స్కూటర్ |
| **Submarine** | జలాంతర్గామి |
| **Subway** | సబ్వే |
| **Taxi** | టాక్సీ |
| **Tires** | టైర్లు |
| **Tractor** | ట్రాక్టర్ |
| **Truck** | లారీ |

## *Visual Arts*
విజువల్ ఆర్ట్స్

| | |
|---|---|
| **Architecture** | నిర్మాణం |
| **Artist** | కళాకారుడు |
| **Ceramics** | సెరామిక్స్ |
| **Chalk** | సుద్ద |
| **Charcoal** | బొగ్గు |
| **Clay** | బంకమట్టి |
| **Composition** | కూర్పు |
| **Creativity** | సృజనాత్మకత |
| **Easel** | ఏటవాలు బల్ల |
| **Film** | ఫోటో |
| **Masterpiece** | రచన |
| **Painting** | పెయింటింగ్ |
| **Pen** | పెన్ |
| **Pencil** | పెన్సిల్ |
| **Perspective** | దృష్టికోణం |
| **Portrait** | చిత్తరువు |
| **Sculpture** | శిల్పం |
| **Stencil** | స్టెన్సిల్ |
| **Varnish** | వార్నిష్ |
| **Wax** | మైనం |

## *Weather*
వాతావరణం

| | |
|---|---|
| **Atmosphere** | వాతావరణం |
| **Calm** | ప్రశాంతత |
| **Cloud** | మేఘం |
| **Drought** | కరువు |
| **Dry** | పొడి |
| **Flood** | వరద |
| **Fog** | పొగమంచు |
| **Hurricane** | హరికేన్ |
| **Ice** | ఐస్ |
| **Lightning** | మెరుపు |
| **Monsoon** | రిజైన్ |
| **Polar** | పోలార్ |
| **Rainbow** | ఇంద్రధనస్సు |
| **Sky** | ఆకాశం |
| **Storm** | తుఫాను |
| **Temperature** | ఉష్ణోగ్రత |
| **Thunder** | ఉరుము |
| **Tornado** | సుడిగాలి |
| **Tropical** | ఉష్ణమండల |
| **Wind** | గాలి |

# Congratulations

**You made it!**

We hope you enjoyed this book as much as we enjoyed making it. We do our best to make high quality games.
These puzzles are designed in a clever way for you to learn actively while having fun!

Did you love them?

-------

## A Simple Request

Our books exist thanks your reviews. Could you help us by leaving one now?

Here is a short link which will take you to your order review page:

BestBooksActivity.com/Review50

# MONSTER CHALLENGE!

## Challenge #1

Ready for Your Bonus Game? We use them all the time but they are not so easy to find. Here are **Synonyms**!

Note 5 words you discovered in each of the Puzzles noted below (#21, #36, #76) and try to find 2 synonyms for each word.

### Note 5 Words from *Puzzle 21*

| Words | Synonym 1 | Synonym 2 |
|---|---|---|
| | | |
| | | |
| | | |
| | | |
| | | |

### Note 5 Words from *Puzzle 36*

| Words | Synonym 1 | Synonym 2 |
|---|---|---|
| | | |
| | | |
| | | |
| | | |
| | | |

### Note 5 Words from *Puzzle 76*

| Words | Synonym 1 | Synonym 2 |
|---|---|---|
| | | |
| | | |
| | | |
| | | |
| | | |

# Challenge #2

Now that you are warmed-up, note 5 words you discovered in each Puzzle noted below (#9, #17, #25) and try to find 2 antonyms for each word. How many lines can you do in 20 minutes?

*Note 5 Words from **Puzzle 9***

| Words | Antonym 1 | Antonym 2 |
|-------|-----------|-----------|
|       |           |           |
|       |           |           |
|       |           |           |
|       |           |           |
|       |           |           |

*Note 5 Words from **Puzzle 17***

| Words | Antonym 1 | Antonym 2 |
|-------|-----------|-----------|
|       |           |           |
|       |           |           |
|       |           |           |
|       |           |           |
|       |           |           |

*Note 5 Words from **Puzzle 25***

| Words | Antonym 1 | Antonym 2 |
|-------|-----------|-----------|
|       |           |           |
|       |           |           |
|       |           |           |
|       |           |           |
|       |           |           |

# Challenge #3

Wonderful, this monster challenge is nothing to you!

Ready for the last one? Choose your 10 favorite words discovered in any of the Puzzles and note them below.

| 1. | 6. |
|---|---|
| 2. | 7. |
| 3. | 8. |
| 4. | 9. |
| 5. | 10. |

Now, using these words and within a maximum of six sentences, your challenge is to compose a text about a person, animal or place that you love!

*Tip: You can use the last blank page of this book as a draft!*

## Your Writing:

# Explore a Unique Store
## Set Up **FOR YOU!**

BestActivityBooks.com/**TheStore**

Designed for Entertainment!

Light Up Your Brain With Unique **Gift Ideas**.

Access **Surprising** And **Essential Supplies!**

CHECK OUT OUR MONTHLY SELECTION NOW!

**- Expertly Crafted Products -**

# NOTEBOOK:

# SEE YOU SOON!

Linguas Classics Team

# ENJOY FREE GAMES

## NOW ON

↓

**BESTACTIVITYBOOKS.COM/FREEGAMES**